Bewegtes Lernen im Fach Geografie

Klassen 5 bis 10/12

Didaktisch-methodische Anregungen

Autoren: Christina Müller
Ullrich Ende

Academia Verlag ▲ Sankt Augustin 2005

Die Deutsche Bibliothek – CIP-Einheitsaufnahme

Bibliografische Informationen der Deutschen Bibliothek
Die Deutsche Bibliothek verzeichnet diese Publikation in der
Deutschen Nationalbibliografie: detaillierte bibliografische Daten
sind im Internet über http://dnb.ddb.de abrufbar.

ISBN 978-3-89665-720-6

2. Auflage 2017

© Academia Verlag
Bahnstraße 7, 53757 Sankt Augustin
Internet: www.academia-verlag.de
E-mail: info@academia-verlag.de

Printed in Germany

Alle Rechte vorbehalten

Ohne schriftliche Genehmigung des Verlages ist es nicht gestattet, das
Werk unter Verwendung mechanischer, elektronischer und anderer
Systeme in irgendeiner Weise zu verarbeiten und zu verbreiten. Insbesondere
vorbehalten sind die Rechte der Vervielfältigung – auch von Teilen des
Werkes – auf photomechanischem oder ähnlichem Wege, der tontechnischen
Wiedergabe, des Vortrags, der Funk- und Fernsehsendung, der Speicherung in
Datenverarbeitungsanlagen, der Übersetzung und der literarischen
und anderweitigen Bearbeitung.

Academia   Bewegtes Lernen: Geografie

Inhaltsverzeichnis Geografie Klassen 5 bis 10/12

Einleitung

1 Deutschland
- 1.1 Kartenpuzzle (5)
- 1.2 Orientierungsspiel (5-7)
- 1.3 Stadt, Fluss, See, … (5-7)
- 1.4 Wie kommen wir von … nach …? (5-6)
- 1.5 Welche Hauptstadt? (5-9)
- 1.6 Reise durch Deutschland (5-9)
- 1.7 Was meine ich? (5-9)
- 1.8 Reiseleiter (5-10)
- 1.9 Geografische Activity (5-10/12)
- 1.10 Profil (5-10)
- 1.11 Welche Begriffe gehören zu …? (5-10)
- 1.12 Entstehung der glazialen Serie (5-10)
- 1.13 Welcher Begriff passt nicht? (5-9)
- 1.14 Silbenpuzzle (5)
- 1.15 Fakten zum Ruhrgebiet (5-10/12)
- 1.16 In welchen Gebirgen? (5-9)
- 1.17 Stationswechsel (5-10/12)
- 1.18 Rollenspiel (5-10)
- 1.19 Erkundungen im Heimatraum (5-10/11)
- 1.20 Wir in der Natur (5-10/12)
- 1.21 Exkursionen (5-10/12)
- 1.22 Spezialistenarbeit (10)
- 1.23 Positionen beziehen (5-10)

2 Kontinente
- 2.1 Gliederung Europas (6)
- 2.2 Lagebeschreibungen (6)
- 2.3 Klima und Vegetation (6-10/11)
- 2.4 Lerngeschichte mit Bewegung (5-10/12)
- 2.5 Speisen und Produkte aus Frankreich (6-9)
- 2.6 Tourismus in den Alpen (6-10/12)
- 2.7 Brainblooming (6)
- 2.8 Was gehört zusammen? (6)
- 2.9 Ich erkläre mir … (6)
- 2.10 Von Platz zu Platz (6)
- 2.11 Wissenstest (6)
- 2.12 Umweltprobleme (6-10/12)
- 2.13 Kreuzworträtsel (6)
- 2.14 Reise durch Afrika (6-8)
- 2.15 Apartheid im Rollenspiel (7-8)
- 2.16 Die Palavermethode (7-8)
- 2.17 Fremde Kulturen (7-8)
- 2.18 Was gehört zu welcher Zone? (7-10/12)
- 2.19 Quartett (6-8)
- 2.20 Entdeckung der Polargebiete (5-8)
- 2.21 Lernstationen (5-10)

3 Planet Erde
- 3.1 Orientierungslauf (5)
- 3.2 Norden oder Süden? (5-9)
- 3.3 Gradnetz (5-7)
- 3.4 Wie spät ist es in …? (5-9)
- 3.5 Tiere zuordnen (5)
- 3.6 In welcher Klimazone? (7-8)
- 3.7 Experimente mit Wind (7-10/11)
- 3.8 Erdgeschichte (7-10)
- 3.9 Ordnen nach Zeitalter (8-10/11)
- 3.10 Gesteine zuordnen (10/12)
- 3.11 Untersuchung von Gesteinen (8-10/12)
- 3.12 Begriffe suchen (8-10)
- 3.13 Fließende Gewässer (9-10)
- 3.14 Den Wald erleben (5-10)
- 3.15 Raumwahrnehmung (5-7)

Academia

Bewegtes Lernen: Geografie

4	**Übergreifend**	4.4	Modelle bauen (5-10/12)	4.9	Ich merke mir ... (5-10/12)
4.1	Ampelspiel (5-10/12)	4.5	Máterialsammlung (7-10/12)	4.10	„Bilderspickzettel" (5-10/12)
4.2	Wissen zusammentragen (5-10/12)	4.6	Richtig oder falsch? (5-10)	4.11	Erkläre mir bitte ... (5-10/12)
		4.7	Geografische Begriffe (5-10)	4.12	Platzwechsel (5-10/12)
4.3	Gruppenvortrag (5-10/12)	4.8	Puzzle (5-10)	4.13	Tempo, Tempo (5-10)

Unser Dank gilt folgenden Wissenschaftlern und Kollegen, die mit ihren Ideen und fachlichen Ratschlägen die Überarbeitung der Beispiele unterstützten:

Herr Prof. Dr. Tilman Rhode-Jüchtern, Friedrich-Schiller-Universität Jena, Instiutut für Geographie

Frau Anke Bau, Frau Kerstin Runge,   Humboldt-Gymnasium Radeberg (Projektschule „Bewegte Schule")
Frau Martina Texter, Frau Martina Kirchhof,
Frau Sabine Klotz, Frau Birgit Maul,   Mittelschule Tharandt (Projektschule „Bewegte Schule")
Herr Holger Kutschke,   Schule zur Lernförderung Großenhain (Projektschule „Bewegte Schule")
Frau Hannelore Lohse,   Schule zur Lernförderung Flöha (Projektschule „Bewegte Schule")
Frau Conny Quaiser, Frau Hannelore Klix, Gymnasium Dresden-Plauen
Frau Barbara Leyh,   Fachberater Regionalschulamt Schmalkalden
Herr Wolfgang Zwerger,   Fachberater Regionalschulamt Schmalkalden
Herr Kirsten Skara,   Fachberater, Regionalschulamt Schmalkalden
Herr Rainer Sobek,   Fachberater IGS Erfurt
Frau Eva Krah,   Gymnasium Zella-Mehlis
Herr Klaus Ende,   Fiedler-Gymnasium Suhl
Herr Andreas Endter,   Herder-Gymnasium Suhl
Frau Ulrike Ende,   Studentin Universität Jena

Layout: Karla Edelmann, Leipzig
Zeichnungen: Martin Veit, Leipzig (Titelseite), Steffen Spiller, Leipzig (1.2, 2.5, 4.10), Sieghart Hofmann, Leipzig (1.15)

Anmerkung: Männliche Personenbezeichnungen (Lehrer, Schüler) gelten in diesem didaktisch-methodischen Material gleichermaßen für Personen weiblichen Geschlechts.

Academia   Bewegtes Lernen: Geografie

Einleitung

Bewegtes Lernen als Teilbereich einer bewegten Schule

Kinder und Jugendliche brauchen die Bewegung, um sich in ihrer Gesamtpersönlichkeit harmonisch entwickeln zu können. Bewegung ist das Medium, die Umwelt zu erkennen und zu gestalten (vgl. Grupe 1982, 72). Durch Bewegung nehmen die Heranwachsenden ihre Umwelt differenzierter wahr und sammeln vielfältige Erfahrungen. Bewegung unterstützt das kognitive Lernen (verbesserte Konzentrationsfähigkeit, zusätzlicher Informationszugang über den „Bewegungssinn", Optimierung der Informationsverarbeitung u. a.). Bewegungssituationen bieten für Schülergruppen vielfältige soziale Lernmöglichkeiten, bei denen die Wechselseitigkeit von Geben und Nehmen ausgewogen realisiert wird. Des Weiteren besteht ein Zusammenhang zwischen als befriedigend erfahrenen Bewegungshandlungen und positivem emotionalen Erleben. Bewegung kann einmal aktivieren, hat aber auch eine beruhigende und stressabbauende Wirkung. Dadurch werden Gesundheit und Wohlbefinden gefördert. Bewegung ist eine Voraussetzung für die motorische und gesunde körperliche Entwicklung. Durch Bewegungssicherheit kann die Unfallhäufigkeit gesenkt werden. Die Erprobung von Bewegungsabläufen, eine realistische Selbsteinschätzung und das Erleben eigenen Könnens, aber auch eigener Grenzen, tragen wesentlich zu einer befriedigenden Selbsterfahrung bei.

Kinder und Jugendliche haben aber zu wenig Bewegung, denn sie sind in Abhängigkeit von ihren individuellen Bedingungen von einer zunehmend von Bewegungseinschränkungen charakterisierten Welt umgeben. Als zentrale Stichworte können gelten: Einengung und Spielfeindlichkeit der Bewegungsräume, Dominanz bewegungsarmer Freizeittätigkeiten, Tendenz zur „Verhäuslichung" und damit Rückzug aus dem Bewegungsraum Natur u. a. Der Zustand dauernder Bewegungsunterdrückung wird noch verstärkt durch einen den Schulalltag häufig bestimmenden typischen „Sitzunterricht". Folgen sind zunehmende gesundheitliche Schwächen und Schäden (Haltungsschwächen u. a.), Konzentrationsschwäche, Hyperaktivität, Auffälligkeiten im Arbeits- und Sozialverhalten, erhöhte Aggressivität, eingeschränkte Leistungsfähigkeit, Unfallhäufigkeiten.

Ansätze zur Problemlösung zu finden, ist ein gesamtgesellschaftliches Anliegen, in das sich unterschiedliche Ebenen einzubringen haben. Schule sollte insgesamt den Bewegungsaktivitäten der Kinder und Jugendlichen mehr Raum bieten und konsequent ein Lernen mit allen Sinnen, also auch dem Bewegungssinn, ermöglichen. Deshalb muss Schule in diesem Sinne zu einer **bewegten Schule** werden. Folgende Bereiche einer bewegten Schule können ausdifferenziert werden (vgl. Müller 2003):

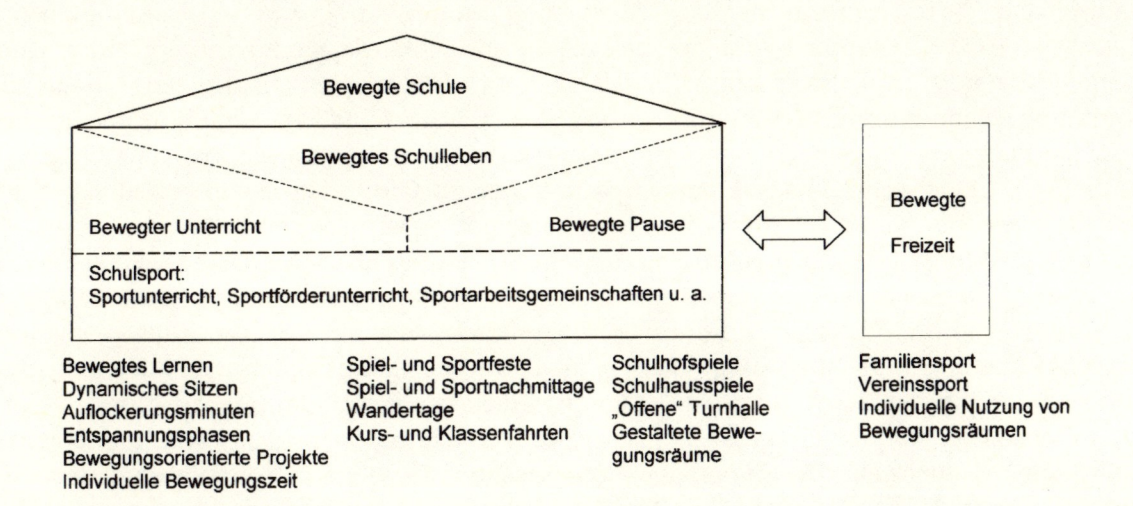

Die vorliegenden didaktisch-methodischen Anregungen beziehen sich auf den Teilbereich bewegtes Lernen, der in einen bewegten Unterricht eingeordnet werden kann. Verbindungen zu anderen Bereichen werden angedeutet. Die einzelnen Karteikarten können herausgetrennt und den jeweiligen Unterrichtsstunden zugeordnet werden.

Bewegung kann beim Lernen helfen

Zusätzliche Informationszugänge durch Bewegung

Als Lernkanäle werden hauptsächlich der akustische und der optische Analysator genutzt. Über den „Bewegungssinn" (kinästhetischer Analysator), dessen Rezeptoren über den gesamten Körper verteilt in den Muskeln, Sehnen, Bändern und Gelenken liegen, kann der Schüler zusätzlich Informationen zum Lerngegenstand erhalten. Diese Informationen erfolgen also nicht über die Umwelt, sondern über den Körper und die eigene Bewegung. Der Lernprozess im Fach Geografie kann über folgende Möglichkeiten Unterstützung erfahren:

So können die Schüler geografische Formen über den Körper empfinden (s. 3.13 „Fließende Gewässer"). Sie nehmen geografische Lagebeziehungen u. a. über Bewegung wahr (s. 3.2 „Norden oder Süden"). Durch Bewegungsaktivitäten können Zusammenhänge erkannt werden (2.15 „Apartheid im Rollenspiel"). Mittels Bewegungsgeschichten erfahren die Schüler Details über Landschaften (s. 2.14 „Reise durch Afrika") und sie geben ihr geografisches Wissen in Spielszenen an andere weiter (s. 1.8 „Reiseleiter"). Die Herstellung von Modellen ist ebenfalls mit Bewegung verbunden. Bei Unterrichtsgängen können die Natur und der Heimatraum erkundet werden (s. 1.20 „Wir in der Natur").

Alle aufgeführten Möglichkeiten geben dem Schüler zusätzliche Informationen über den Lerngegenstand und unterstützen damit den Lernprozess.

Academia

Zusätzlicher Informationszugang	Beispiele	
geografische Formen über den Körper und über Bewegungen *empfinden*	1.1 Kartenpuzzle 1.7 Was meine ich? 2.1 Gliederung Europas	3.13 Fließende Gewässer 3.15 Raumwahrnehmungen
geografische Lagebeziehungen u. a. über Bewegung *wahrnehmen*	1.2 Orientierungsspiel 1.11 Welche Begriffe gehören zu ...? 2.20 Quartett	3.2 Norden oder Süden? 3.3 Gradnetz 3.6 In welcher Klimazone? 3.9 Ordnen nach Zeitalter 3.10 Gesteine zuordnen
Zusammenhänge *erkennen*	2.15 Apartheid im Rollenspiel	3.1 Orientierungslauf 3.14 Den Wald erleben
geografische Begriffe *pantomimisch darstellen*, mittels Bewegungsgeschichten Details über Landschaften *erfahren*	1.9 Geografische Activity 2.4 Lerngeschichte mit Bewegung	2.14 Reise durch Afrika 3.5 Tiere zuordnen 4.7 Geografische Begriffe
geografisches Wissen in *Spielszenen* an andere weitergeben	1.6 Reise durch Deutschland 1.8 Reiseleiter 1.18 Rollenspiel	1.23 Positionen beziehen 2.20 Entdeckung der Polargebiete 2.17 Fremde Kulturen
Modelle, Profile u. a. *gemeinsam gestalten*	1.10 Profil 2.5 Speisen und Produkte aus Frankreich	4.4 Modelle bauen
bei Unterrichtsgängen die Natur und den Heimatraum *erkunden*	1.19 Erkundungen im Heimatraum 1.20 Wir in der Natur	1.21 Exkursionen 3.14 Den Wald erleben

Academia   Bewegtes Lernen: Geografie

Optimierung der Informationsverarbeitung durch Bewegung

Schule ist traditionell eine „Sitzschule". Lernen scheint vorrangig nur im ruhigen Sitzen möglich. Dabei wurden bereits vor mehr als 2000 Jahren die Schüler von Aristoteles in Wandelhallen unterrichtet, Mönche promenierten bei geistigen Gesprächen durch die Klostergänge und in früheren Zeiten schrieben Dichter und Gelehrte, wie z. B. J. W. v. Goethe, an Stehpulten und schritten beim Nachdenken im Zimmer auf und ab (vgl. Breithecker u. a. 1996, 24). Lehrer pflegen auch heute weniger im Sitzen zu arbeiten, sondern sie gehen durch den Unterrichtsraum. Nur die Schüler sollen noch zu häufig beim „Stillsitzen" lernen. Dabei weisen Untersuchungen zu Grundgrößen der Informationsverarbeitung (bei Erwachsenen) nach, dass bereits geringe fahrradergometrische Belastungen die Gehirndurchblutung anregen und dadurch die geistige Leistungsfähigkeit, insbesondere die Kurzspeicherkapazität und die Lerngeschwindigkeit, ansteigt (vgl. Lehr/Fischer 1994, 182). Zur Optimierung der Informationsverarbeitung reichen bereits Bewegungen mit geringer Intensität aus.

Die nachfolgenden Beispiele basieren auf diesen theoretischen Positionen, z. B. das Entscheiden über Zustimmung oder Ablehnung zu geografischen Beschreibungen signalisieren (s. 4.1 „Ampelspiel"). Weiterhin kann Sachwissen beim Zuwerfen eines Balles o. Ä. eingeprägt werden (s. 1.3 „Stadt, Fluss, See, Berg ..."). Beim Gehen durch den Raum kann sich nach Verkehrswegen u. a. erkundigt (s. 1.4 „Wie kommen wir von ... nach ...?) oder Aufgaben gelöst werden (s. 1.5 „Welche Hauptstadt?"). Außerdem besteht die Möglichkeit sich Informationen zu geografischen Räumen und zu ökologischen Problemfeldern einzuholen (s. 1.16 „In welchem Gebirge?"). Geografisches Grundwissen kann beim Wechseln der Plätze (s. 1.17 „Stationswechsel") oder in unterschiedlichen Arbeitshaltungen (s. 4.3 „Gruppenvortrag") gefestigt werden. Solche und weitere Übungen können als Erweiterung traditioneller Formen des Unterrichtens eingeordnet werden. Neben der verbesserten Sauerstoffversorgung des Gehirns tragen psychische Komponenten (nicht mehr still sitzen zu müssen sowie die Motivationserhöhung durch eigene Aktivität) dazu bei, das Lernen zu erleichtern und eine Schule zu gestalten, die wirklich vom Schüler (und seinem Bewegungsbedürfnis) ausgeht.

Optimierung der Informationsverarbeitung	Beispiele	
durch Bewegung Zustimmung oder Ablehnung zu geografischen Beschreibungen signalisieren	4.1 Ampelspiel	4.6 Richtig oder falsch?
beim Zuwerfen eines Balles o. Ä. sich geografisches Sachwissen einprägen	1.3 Stadt, Fluss, See, Berg ...	
beim Gehen (durch den Raum) - Erkundigungen einholen - Aufgaben lösen - Informationen zu geografischen Räumen und zu ökologischen Problemfeldern einholen - topografisches und geografisches Grundwissen sich einprägen	1.4 Wie komme ich von ...? 3.4 Wie spät ist es in ...? 1.5 Welche Hauptstadt? 1.13 Welcher Begriff passt nicht? 1.15 Fakten zum Ruhrgebiet 1.22 Spezialistenarbeit 2.2 Lagebeschreibungen 2.7 Brainblooming 2.8 Was gehört zusammen? 2.9 Ich erkläre mir ... 1.12 Entstehung der glazialen Serie 1.16 In welchem Gebirge? 4.9 Ich merke mir	4.11 Erkläre mir bitte ...! 2.11 Wissenstest 2.12 Umweltprobleme 2.13 Kreuzworträtsel 2.18 Was gehört in welche Zone? 3.8 Erdgeschichte 4.8 Puzzle 4.10 „Bilderspickzettel" 4.13 Tempo, Tempo 2.3 Klima und Vegetation 2.6 Tourismus in den Alpen 4.5 Materialsammlung
Plätze wechseln und dabei geografisches Grundwissen erarbeiten und festigen	1.17 Stationenwechsel 2.10 Von Platz zu Platz 2.21 Lernstationen 3.7 Experimente mit Wind	3.11 Untersuchung von Gesteinen 3.12 Begriffe suchen 4.2 Wissen zusammentragen 4.12 Platzwechsel
beim Lösen von Aufgaben *unterschiedliche Arbeitshaltungen* anwenden	1.14 Silbenpuzzle 2.16 Die Palavermethode	4.3 Gruppenvortrag

Academia

Bewegtes Lernen: Geografie

Hinweise der Autoren

Die Beispiele der Materialsammlung wurden in den Versuchsschulen des Projektes „Bewegte Schule" und durch Studenten bzw. Referendare in Sachsen basierend auf einem umfangreichen Literaturstudium entwickelt, erprobt und gemeinsam bearbeitet. Dies erschwert zum Teil den Nachweis der ursprünglichen Quellenangaben. Durch die Anbindung an das sächsische Projekt erfolgte eine Orientierung an den (neuen) Lehrplänen in Sachsen, ergänzt durch eine Analyse von Lehrplänen/Richtlinien anderer Bundesländer. Da eine Reihe von Inhalten und Themen in den einzelnen Bundesländern in unterschiedlichen Klassenstufen aufzufinden ist, wird meist eine unverbindliche Spannbreite über mehrere Klassen angegeben. Beispiele der Jahrgangsstufen 11/12 könnten auch in der Klasse 13 zur Anwendung kommen. Die Materialien wurden auch in Schulen in Thüringen erprobt. Insgesamt sind die Beispiele der Materialsammlung als Anregungen zu verstehen, die entsprechend der konkreten Bedingungen sowie der aktuellen Klassensituation ausgewählt und verändert werden müssen. Außerdem soll dazu angehalten werden, selbst neue Beispiele auszuprobieren und zu ergänzen.

Literatur:

Breithecker, D. et al. (1996). In die Schule kommt Bewegung. Haltung und Bewegung 16(2), 5-47.

Brodengeier, E. et al. (1998). Terra Geographie. Gymnasium Thüringen 6. Gotha, Stuttgart: Klett-Perthes.

Brucker, A. (1989). Lernen durch Erleben. Beispiel Apartheid in Südafrika. Praxis Geographie 18(7/8), 8-13.

Ende, U. (1997). Orientierungsläufe (II). Körpererziehung 47(10), 342-346.

Ende, U. (1999). Unser Projekt „Bewegte Schule". Körpererziehung 49(10), 82-84.

Grupe, O. (1982). Bewegung, Spiel und Leistung im Sport. Schorndorf: Hofmann.

Lehrl, S. & Fischer, B. (1994). Gehirn-Jogging. (4. überarbeitete. Aufl.). Ebersberg: VLESS-Verlag.

Müller, Chr. (2003). Bewegte Grundschule (2. Aufl.). Sankt Augustin: Academia.

Sicherheit im Schulsport (Hrsg.). (1991). Natur erleben - Natur bewahren I. Pädagogische Fachbroschüre zur Gestaltung schulischer Skiwochen in den Alpen. Weitheim: Stoppel-Verlag.

Kanwischer, D. & Rhode-Jüchtern, T. (2001). Wir stochern mit der Stange im Nebel. Geographie heute (190), 41.

Themenheft Modelle (1994). Geographie heute (122).

Belegarbeiten von Studierenden der Sportwissenschaftlichen Fakultät der Universität Leipzig, bes. von Marcel Wolter

Literatur zum Projekt „Bewegte Schule" in Sachsen

Müller, Chr. (2003). Bewegte Grundschule. Aspekte einer Didaktik der Bewegungserziehung als umfassende Aufgabe der Grundschule (2. Aufl.). St. Augustin: Academia. ISBN 3-89665-249-4.

In diesem Buch werden grundsätzliche Positionen, eine Vielzahl von Beispielen sowie Hinweise zur methodisch-organisatorischen Gestaltung vorgestellt - über das bewegte Lernen hinaus für weitere Bereiche einer bewegten (Grund-)schule, wie Auflockerungsminuten, Entspannungsphasen, individuelle Bewegungszeiten, bewegungsorientierte Projekte, bewegte Pausen, bewegtes Schulleben.

Müller, Chr. & Petzold, R. (2002). Längsschnittstudie bewegte Grundschule. Ergebnisse einer vierjährigen Erprobung eines pädagogischen Konzeptes zur bewegten Grundschule. St. Augustin: Academia. ISBN 3-89665-230-3.

Dieses Buch ist eine Weiterführung der „Bewegten Grundschule" und beinhaltet die Ergebnisdarstel-lung der Längsschnittstudie.

Müller, Chr. (Hrsg.). (2003). Bewegtes Lernen in den Klassen I bis IV. Didaktisch-methodisches Anleitungsmaterial für die Fächer Mathematik, Deutsch und Sachunterricht (2. erweiterte und überarbeitete Aufl.). St. Augustin: Academia. ISBN 3-89665-283-4.

Bewegtes Lernen: Ethik (3-89665-285-0), Englisch Anfangsunterricht (3-89665-286-9), Kunst (3-89665-284-2).

Müller, Chr. et al. (2004). Bewegtes Lernen in den Klassen 5 bis 10/12. Fächer: Fremdsprachen (3-89665-300-8), Biologie (3-89665-301-6), Geschichte (3-89665-302-4), Sozialkunde/Gemeinschaftskunde/Politik (3-89665-303-2), Evangelische Religion (3-89665-304-0), Mathematik (3-89665-305-9). St. Augustin: Academia.

Müller, Chr. et al. (2005). Bewegtes Lernen in den Klassen 5 bis 10/12. Fächer: Deutsch (3-89665-343-1), Kunst (3-89665-344-X), Musik (3-89665-345-8), Physik (3-89665-342-3), Geografie (3-89665-341-5), Ethik (3-89665-346-6). St. Augustin: Academia.

Weitere Informationen unter: http://sportfak.uni-leipzig.de/~mueller/index2.htm

1 Deutschland

Klasse: 5

Thema: Orientierung in Deutschland

1.1 Kartenpuzzle

Ort: Unterrichtsraum
Material: Puzzle für mehrere Gruppen, Tücher oder Beutel

Beschreibung: Die ausgeschnittenen Bundesländer werden für jede Gruppe unter ein Tuch gelegt. Ein Schüler nach dem anderen fühlt unter dem Tuch ein Puzzleteil und versucht das Bundesland zu bestimmen. Die Gruppe baut aus den Einzelteilen die gesamte BRD zusammen.

Variante: Karte der BRD (auch mit stummer Karte möglich) in unterschiedlich große Stücke zerschneiden, mischen und wieder zusammensetzen

1 Deutschland

Klasse: 5-7

Thema: Orientierung in Deutschland

1.2 Orientierungsspiel

Ort: Schulhaus, Schulgelände
Material: Kreide o. Ä.

Beschreibung: Gruppenarbeit:
Mit groben Umrissen werden Deutschland und die Hauptstadt Berlin auf den Boden skizziert. Der Spielleiter jeder Gruppe nennt ein Bundesland und ruft einen Mitschüler (oder auch mehrere) auf. Dieser stellt sich etwa an die Stelle, wo das Bundesland in Deutschland liegt. Der Spielleiter kontrolliert mit dem Atlas und nennt das nächste Bundesland.

Varianten:
- sich von einem Bundesland zum anderen bewegen, Landeshauptstadt dazu nennen
- Großlandschaften abschreiten
- Lage von Ländern in Europa, Kontinenten, Ozeanen
- symbolhafte Abbildungen (s. Rückseite) zuordnen
- Partnerarbeit: Der Rücken stellt die Landkarte der BRD dar. Der Partner zeigt die Lage der Bundesländer bzw. anderer markanter Punkte.

Hamburg		Hessen	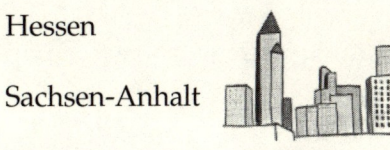 
Bremen	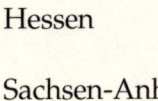	Sachsen-Anhalt	
Schleswig-Holstein		Sachsen	
Mecklenburg-Vorpommern	 	Thüringen	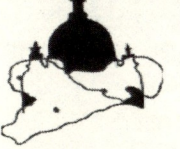
Brandenburg		Bayern	
Berlin		Baden-Württemberg	
Nordrhein-Westfalen		Rheinland-Pfalz	
Niedersachsen		Saarland	

Academia

Bewegtes Lernen: Geografie

1 Deutschland

Klasse: 5-7

Thema: Orientierung in Deutschland

1.3 Stadt, Fluss, See, Berg ...

Ort: Unterrichtsraum
Material: Softbälle o. Ä.

Beschreibung: Kleingruppen spielen sich einen Ball zu. Jeder Spieler mit Ballbesitz nennt eine Stadt im Bundesland (einen Fluss, See, Berg o. Ä.). Der nächste angespielte Schüler ordnet dem Begriff das entsprechende Bundesland und der übernächste dessen Hauptstadt zu.

Varianten:
- Schwieriger wird das Spiel, wenn nach einer ausgemachten Reihenfolge Städte, Flüsse, Berge u. a. immer abwechselnd genannt bzw. weitere Bundesländer einbezogen werden.
- Es können auch Städte, Flüsse u. a. in verschiedenen Ländern Europas oder von anderen Kontinenten aufgezählt werden.
- Zur Hilfe könnte auch ein Blick in den aufgeschlagenen Atlas gestattet werden.

1 Deutschland Klasse: 5-6

Thema: Orientierung in Deutschland

1.4 Wie komme ich von ... nach ...?

Ort: Unterrichtsraum, Schulgelände
Material: Karten mit Routenbeschreibungen, Atlaskarte, Lehrbuch

Beschreibung: Die Schüler erhalten alle eine Karte mit einer Routenbeschreibung (Beispiele s. Rückseite). Damit bewegen sie sich durch den Raum zu einem Mitschüler und fragen: „Wie komme ich von ... nach ...?" Der angesprochene Schüler erarbeitet mit Hilfe von Wandkarte, Atlas oder Lehrbuch die Reiseroute und teilt dem Partner das Ergebnis mit. Beide vergleichen mit der Routenbeschreibung auf der Rückseite der Karte. Dann wird ein neuer Partner gesucht.

Varianten:
- Verkehrswege im Bundesland
- Verkehrswege in Europa
- Routenwahl durch vorgegebene Kriterien (nur Autobahn, Schienennetz u. a.)

Beispiele für Karten mit Routenbeschreibung:

München – Dresden

1. Flugzeug
2. mit dem Auto auf der A 9 bis Nürnberg, weiter auf der A 9 bis Hof, dann weiter auf der A 72 bis Chemnitz und von dort bis Dresden auf der A 4
3. Eisenbahn: Regensburg - Hof - Leipzig - Dresden

Berlin – Leipzig

1. Flugzeug
2. mit dem Auto vom Berliner Ring auf die A 9 nach Leipzig
3. Eisenbahn: Berlin - Dessau - Leipzig

Berlin – Osnabrück

1. Flugzeug
2. mit dem Auto vom Berliner Ring auf der A 2 bis Hannover, weiter auf der A 2 bis auf die A 30 und dann bis Osnabrück
3. Eisenbahn: Magdeburg - Braunschweig - Hannover - Osnabrück
4. Schiff: Elbe-Havel-Kanal bis Magdeburg, weiter auf dem Mittellandkanal bis Osnabrück

Frankfurt – Erfurt

1. Flugzeug
2. mit dem Auto auf der A 5 bis Gießen, weiter auf der A 5 bis Reiskirchen, dann auf der A 4 über Eisenach nach Erfurt
3. Eisenbahn: Frankfurt - Fulda - Erfurt

Academia   Bewegtes Lernen: Geografie

1 Deutschland

Klasse: 5-9

Thema: Orientierung in Deutschland

1.5 Welche Hauptstadt?

Ort: Unterrichtsraum
Material: Karten mit den Namen der Bundesländer und Hauptstädte (möglichst laminiert)

Beschreibung: Jeder Schüler zieht eine Karte, auf der der Name eines Bundeslandes oder einer Hauptstadt steht. Die Schüler gehen durch den Raum, zeigen sich gegenseitig ihre Karten und finden sich zu entsprechenden Paaren zusammen. Gemeinsam wird kontrolliert. Anschließend werden die Karten gemischt, erneut je eine Karte gezogen und das Spiel beginnt von vorn.

Varianten:
- Länder aus Europa, Asien, Amerika oder Afrika und deren Hauptstädte
- Gebirge und Länder
- Städtepaare im gleichen Bundesland sowie Hauptstadt
- Städte und Flüsse
- Hauptflüsse und Nebenflüsse
- Flüsse und Meere
- Inseln bzw. Halbinseln und Länder

1 Deutschland

Klasse: 5-9

Thema: **Orientierung in Deutschland**

1.6 Reise durch Deutschland

Ort: Unterrichtsraum
Material: entsprechende Materialien

Beschreibung: Die Schüler bereiten in Gruppen oder als Hausaufgabe Material und einen Vortrag über jeweils ein Bundesland und seine Hauptstadt vor. Anschließend wird aus dem Unterrichtsraum Deutschland, d. h. Tische und Stühle bilden Bundesländer. Der eine Teil der Klasse übernimmt die Reiseleitung für das jeweilige Bundesland. Die andere Hälfte bewegt sich von Bundesland zu Bundesland und erfährt Wissenswertes. Rollentausch.

Varianten:
- evtl. Bundesland nicht nennen und durch Mitschüler anhand der Fakten zuordnen lassen
- andere europäische Länder bereisen (Klasse 6)
- Länder anderer Kontinente einsetzen (Klasse 7-9)

1 Deutschland

Klasse: 5-9

Thema: Orientierung in Deutschland

1.7 Was meine ich?

Ort: Unterrichtsraum
Material: -

Beschreibung: In Partnerarbeit schreibt oder zeichnet ein Schüler einen geografischen oder topografischen Begriff (Beispiel s. Rückseite 1.9) auf den Rücken des anderen. Dieser soll den Begriff finden: „Meinst du ...?" Der Partner darf nur mit ja oder nein antworten, kann zur Unterstützung aber das Rückenschreiben wiederholen. Anschließend klären beide den Begriff.

Varianten:
- bei anderen Themen möglich
- anregen, dies in der Pause fortzusetzen
- Lösung pantomimisch darstellen

1 Deutschland

Klasse: 5-10

Thema: Nord- und Ostseeküste

1.8 Reiseleiter

Ort: Unterrichtsraum, Schulhaus, Schulgelände
Material: Fotos, Ansichtskarten u. a.

Beschreibung: Mit einem Stichwortzettel sind etwa fünf Schüler zu abgesprochenen Schwerpunkten vorbereitet. Als „Reiseleiter" führen sie jeweils eine kleine Gruppe von „Urlaubern" entlang der Nordseeküste (evtl. passende Fotos, Ansichtskarten anbringen). Sie erklären ihnen Küstenform, Gezeitenwirkung, Wattenmeer, Küstenschutz, Neulandgewinnung, Urlaubsziele usw. Die anderen Schüler stellen Fragen. Bei Unklarheiten schaut die Gruppe im Lehrbuch nach. Die „Reiseleiter" wechseln die Gruppen.

Varianten:
- Stadtführung oder Reiseführung in anderen Ländern
- Alpenüberquerung (Norden nach Süden) mit den Schwerpunkten Gesteinsschichten, glaziale Überformung, Gebirgsbildung sowie Nutzung der Gesteine und Landschaften in unterschiedlichen Vegetationsstufen
- Reiseführung verbunden mit der Problematisierung anthropogener Veränderungen (Bergbau, Mülldeponien, Industriegase, Straßenverkehr, Verkehrsprojekte)

1 Deutschland

Klasse: 5-10/12

Thema: Nord- und Ostseeküste, Tiefland

1.9 Geografische Activity

Ort: Unterrichtsraum
Material: -

Beschreibung: Je Gruppe steht ein Schüler mit dem Rücken zur Tafel. An diese wird ein geografischer Begriff geschrieben (s. Rückseite). Die Gruppenmitglieder helfen durch pantomimische Darstellung beim Erraten des Begriffes. Anschließend wird die Bedeutung geklärt.

Varianten:
- als Wettbewerb möglich
- Begriff zeichnerisch darstellen
- Begriff umschreiben
- auch bei anderen Themen anwendbar (s. Rückseite)

Beispiele:

<u>Nordseeküste</u>	<u>Tiefland</u>	<u>Mittelgebirgsland</u>
Flachküste	Eiszeit	Tertiär
Steilküste	Urstromtal	Pultscholle
Binnenmeer	Grundmoräne	Bruchscholle
Hafenstadt	Endmoräne	Durchbruchstal
Insel	Findling	Becken
Halbinsel	Sander	Tal
Watt	Platten	Talsperre
Blockstrand	Löss	
Strandhafer	Seen	
Gezeiten (Ebbe, Flut)	Kanal	
Sturmflut		
Hallig		
Trichtermündung		
Werft		

Academia   Bewegtes Lernen: Geografie

1 Deutschland   Klasse: 5-10

Thema: Nord- und Ostseeküste, Tiefland

1.10 Profil

Ort: Schulhof, Sportplatz
Material: Sandkasten, Weitsprunganlage, kleine Sandkastenschaufeln

Beschreibung: Als Zusammenfassung zu den Wirkungen exogener Kräfte bzw. zur glazialen Serie fertigen Gruppen entsprechende Profile zur Steil- und Flachküste, zur Wattenküste bzw. zur glazialen Serie an. Nach einer bestimmten Arbeitszeit kann der Lehrer die Profile begutachten, die anderen Gruppen mit zur Fehleranalyse heranziehen und Fragen zur Entstehung und Nutzung stellen.

Varianten: Diese Übung kann auch bei anderen Themen eingesetzt werden, z. B. Talformen, Flusssysteme, Schichtvulkane, Gebirge, Gletscheraufbau (Kl. 6)

1 Deutschland

Klasse: 5-10

Thema: Tiefland

1.11 Welche Begriffe gehören zu ...?

Ort: Unterrichtsraum
Material: Karten (möglichst laminiert) mit Begriffen zum norddeutschen Tiefland (s. Rückseite)

Beschreibung: Jeder Schüler erhält eine Karte. Zuerst kommen die Schüler nach vorn, die die vier Hauptbegriffe der glazialen Serie (Grundmoräne, Endmoräne, Sander und Urstromtal) besitzen. Die Lehrkraft fragt in der Reihenfolge nach Entstehung, Relief, Bau, Nutzung u. a. Die Schüler, die denken, dass sie einen richtigen Begriff zur jeweiligen Frage haben, gehen nach vorn und gruppieren sich um den entsprechenden Hauptbegriff. Die Zuordnung kann kurz begründet werden.

Varianten:
- Gruppenarbeit
- auf andere Themen übertragbar (s. Rückseite)
- Gruppen finden sich ohne Vorgabe der Oberbegriffe zusammen und sprechen zu den Fakten

Welche Begriffe gehören zu ...?

Grundmoräne: durch Inlandeis, Ebene, nährstoffreicher Boden, Getreide, Ackerbau, Viehwirtschaft, leicht wellig, Seen, Findlinge

Endmoräne: durch Inlandeis, nördlicher Landrücken, südlicher Landrücken, Höhen über 100 m, Gesteinsblöcke, Mischwald, kuppig, Hügel

Sander: Nadelwald, Sand, Schmelzwasser, eben

Urstromtal: Schmelzwasser, Flüsse, Ton, Viehwirtschaft, eben, Kies, Täler

Variante für Europa:

Großbritannien: Midlands, Highlands, Dover, Shetland, Dockhafen

Frankreich: Louvre, Anjon, Calais, Mistral, Cevennen

Spanien: Huerta, Tajo, Meseta, Hartlaubgewächse, Mallorca

Italien: Vesuv, Bari, Mezzogiorno, Turin, Vatikan, Hartlaubgewächse

Norwegen: Wasserreichtum, Öl, Fjorde, Golfstrom, Lofoten

Variante für Asien:

China: Schwemmlöss, Wirtschaftssonderzone, Ein-Kind-Familie, Shanghai

Japan: Osaka, Hiroshima, Fudschijama, Toyota, Kiuschu

Indien: Ostghats, Bangalore, Grüne Revolution, Kastensystem, Damodartal

Indonesien: Java, Transmigrasi, Krakatau, zu den „4 kleinen Füchsen", Bali

---

Academia   Bewegtes Lernen: Geografie

1 Deutschland

Klasse: 5-10

Thema: Tiefland

1.12 Entstehung der glazialen Serie

Ort:	Unterrichtsraum
Material:	Arbeitsblätter mit Lückentext, Karten mit vollständigen Lösungsansätzen (s. Rückseite)
Beschreibung:	Die Schüler füllen die Lückentexte auf den Arbeitsblättern aus. Finden sie keine Lösung, dann gehen sie ohne Lückentext zur Tafel. Auf der Rückseite befinden sich Kärtchen mit den Lösungssätzen - allerdings in ungeordneter Reihenfolge. Zum Abschluss der Übung werden die Sätze vorgelesen, an der Tafel geordnet und evtl. Inhalte geklärt.
Varianten:	• auf weitere Themenbereiche anwenden, z. B. Entstehung der japanischen Inseln oder von Falten- bzw. Bruchschollengebirgen sowie Entstehung von Lagerstätten (Kohle, Salz, Erdöl u. a.) • Begriffe hinter Tafel vorgeben und Schüler erstellen selbst einen Text

Academia

Zur Entstehung der glazialen Serie

Fülle den Lückentext aus! Fehlt dir ein Begriff, dann gehe zur Tafel und hole dir Hilfe. Allerdings sind die Sätze dort etwas durcheinander geraten. Finde die Lösung und gehe zum Platz zurück. Arbeite dann entsprechend weiter.

1. Während der .... schoben sich mächtige .... von .... bis ins Norddeutsche ....
2. .... wurden durch den Eispanzer aufgenommen und nach .... transportiert.
3. Durch die .... kam das Eis zum Stillstand und begann ....
4. Das .... floss parallel zum Eisrand ab und es bildeten sich breite ....
5. Die im Eis eingefrorenen Materialien wurden am .... des Inlandeises als .... aufgehäuft.
6. Schmelzwässer .... die feinen Bestandteile weiter und .... sie als .... ab.
7. Nach Abschmelzen des .... wurde die .... freigelegt.
8. Während der .... blies ein kräftiger .... die feinen Materialien aus den kahlen Moränen aus und lagerte sie am .... der .... wieder ab.
9. Diese Ablagerungen bezeichnet man als ....

Einzusetzende Begriffe: *Eiszeit, Gletscher, Skandinavien, Tiefland, Material, Deutschland, Warmzeit, zu schmelzen, Schmelzwasser, Urstromtäler, Rand, Endmoräne, transportierte, lagerte, Sander, Inlandeises, Grundmoräne, Warmzeit, Wind, Rande, Mittelgebirge, Löss* (Begriffe sollten nicht geordnet vorgegeben werden.)

Academia   Bewegtes Lernen: Geografie

1 Deutschland

Klasse: 5-9

Thema: Tiefland

1.13 Welcher Begriff passt nicht?

Ort: Unterrichtsraum
Material: Arbeitsblätter bzw. Folien (s. Rückseite), Klebeband, Atlanten

Beschreibung: Im Raum hängen mehrere Arbeitsblätter (s. Rückseite) aus. In Gruppenarbeit werden die Begriffe <u>zugeklebt</u>, die nicht in die Aufzählung zum Norddeutschen Tiefland passen.

Varianten:
- mit Folien und Polylux arbeiten
- übertragbar auf Mittelgebirgsland (Topografie)
- Beispiele auch zu anderen Kontinenten (s. Rückseite)
- zur Hilfe Atlanten verwenden
- als topografische Übung

Academia   Bewegtes Lernen: Geografie

Welcher Begriff passt nicht ins Tiefland?

Städte:	Hannover, Wolfsburg, Magdeburg, Cottbus, <u>Regensburg</u>, Münster
Flüsse:	Ems, Elbe, <u>Neckar</u>, Havel, Weser
Seen:	Müritz, Schweriner See, Plauer See, <u>Ammersee</u>, Steinhuder Meer
Landschaften:	Lüneburger Heide, Fläming, Altmark, <u>Allgäu</u>, Havelland
Bundesländer:	Brandenburg, Niedersachsen, <u>Saarland</u>, Mecklenburg-Vorpommern
Kanäle:	Mittellandkanal, Oder-Havel-Kanal, <u>Main-Donau-Kanal</u>, Oder-Spree-Kanal
Berge:	Wilseder Berg, Helpter Berge, <u>Vogelsberg</u>, Ruhner Berge

Asien:

Inselstaaten:	<u>Myanmar</u>, Taiwan, Philippinen, Indonesien, Malaysia, Brunei
Faltengebirge:	Altai, Himalaja, Ural, Pamir, <u>Großer Chingan</u>
Flüsse, die ins Meer münden:	Ob, Jennissei, Jangtsekiang, <u>Tarim</u>, Mekong, Ganges
ehemalige englische Kolonien:	<u>Philippinen</u>, Indien, Hongkong, Pakistan, Sri Lanka, Brunai
Millionen-Städte:	Chengdu, Hanoi, Nowosibirsk, Osaka, Kobe, <u>Maturai</u>
japanische Millionen-Städte:	Sapporo, Fukuoka, Osaka, <u>Hongkong</u>, Tokio, Hiroshima, Kyoto

Afrika:

Sahelstaaten:	Sudan, Tschad, Mali, Niger, Senegal, <u>Algerien</u>
Flüsse in Afrika:	Oranje, Sambesi, Niger, Kongo, <u>Tigris</u>
afrikanische Millionen-Städte:	Kinshasa, Tripolis, Alexandria, <u>Nairobi</u>, Dakar
Küstenstaaten am Atlantik:	Ghana, Namibia, <u>Somalia</u>, Angola, Kongo, Gabun
ehemalige französische Kolonien:	<u>Kenia</u>, Algerien, Marokko, Tunesien, Madagaskar

Academia   Bewegtes Lernen: Geografie

1 Deutschland

Klasse: 5

Thema: Ballungsgebiete (Berlin)

1.14 Silbenpuzzle

Ort: Unterrichtsraum
Material: Silbenpuzzle (s. Rückseite) für jede Gruppe, Lehrbücher, Atlanten

Beschreibung: Kleingruppen erhalten jeweils einen Satz des Silbenpuzzles. Sie haben die Aufgabe sich im Raum zu verteilen und an unterschiedlichen Stellen (Fensterbrett, Fußboden, Lehrertisch u. a.) ein Silbenpuzzle zu den wichtigsten Funktionen von Berlin als Ballungsgebiet zusammenzusetzen und Beispiele zuzuordnen. Anschließend trägt jede Gruppe eine Funktion vor und die anderen können vergleichen.

Varianten:
- als Gruppenwettbewerb
- im Klassenverband
- Silbenpuzzle erweitern
- Kleingruppen erarbeiten jeweils nur eine Funktion

Academia

Bewegtes Lernen: Geografie

Silbenpuzzle

Berlin ist ein Ballungsgebiet. Setzt in Gruppen die Silben zu den wichtigsten Funktionen zusammen und erarbeitet euch anhand der Silben Beispiele für diese Funktionen! Sucht im Lehrbuch nach weiteren Beispielen! Jede Gruppe trägt eine Funktion vor. Die Gruppen können sich untereinander helfen, Ergebnisse austauschen.

Jede Gruppe besitzt einen Satz mit Karten der Silben:

Ge - jüd - meinde - ische - kul - Zen - tur - elles - trum - Tür - Nikolai - ken - kirche - berg - Berliner - Bahn - Kreuz - Dom - Multi - Universi - kul - turell - täten - Tier - Branden - garten - burger - land - Havel - Tor - tag - Reichs - see - gebiet - Müggel - Erholung - Muse - Thea - en - ter - Industrie - Verkehrs - zentrum - punkt - knoten - Bevölker - tration - ungs - konzen - Ring - Berliner - bau - Maschinen - S - Flug - Bahn – see - hafen - Auto - trie - indus - Städte - städte - Elektro - land - Satelliten - schaft - technik - Wann - U

Lösungen:

Kulturelles Zentrum:	Nikolaikirche, Berliner Dom, Universitäten, Brandenburger Tor, Reichstag, Museen, Theater
Multikulturelles Zentrum:	Kreuzberg, Türken, jüdische Gemeinde
Verkehrsknotenpunkt:	Berliner Ring, S-Bahn, Flughäfen, Kanäle, U-Bahn
Bevölkerungskonzentration:	Städtelandschaft, Satellitenstädte
Industriezentrum:	Elektrotechnik, Autoindustrie, Maschinenbau
Erholungsgebiet:	Müggelsee, Havelland, Tiergarten, Wannsee

Academia   Bewegtes Lernen: Geografie

1 Deutschland

Klasse: 5-10/12

Thema: **Ballungsgebiet (Ruhrgebiet)**

1.15 Fakten zum Ruhrgebiet

Ort: Unterrichtsraum
Material: A4-Blätter

Beschreibung: Auf einer Skizze stellt jeder Schüler für ihn wichtige Fakten zu Merkmalen und der Entwicklung eines Ballungsgebietes (z. B. Ruhrgebiet) zusammen (s. Rückseite). Anschließend sucht er sich beim Gehen durch den Raum zwei Partner. Die drei Schüler erklären sich gegenseitig ihre Fakten. Bei Unstimmigkeiten kann Hilfe beim Lehrer geholt werden.

Varianten:
- als Bilder darstellen (s. Rückseite)
- bei anderen Themen ebenfalls möglich, z. B.
  - Wolkenklassifikation (Wolkenarten, Stockwerke) (Klasse 11)
  - Merkmale von Städten in unterschiedlichen Kulturräumen (orientalische, europäische, latein- und angloamerikanische)

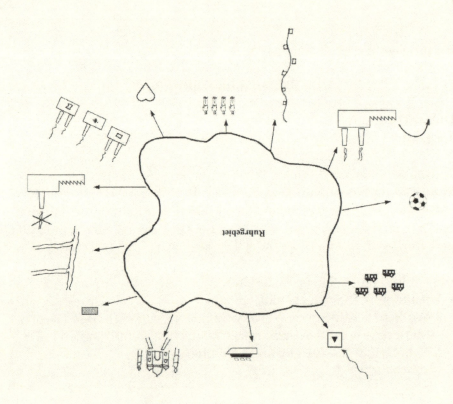

1 Deutschland

Klasse: 5-9

Thema: Mittelgebirgsland

1.16 In welchen Gebirgen?

Ort: Unterrichtsraum
Material: Tabellen (Gebirge, höchste Erhebung, Berg, Höhe, Bundesland), Atlanten bzw. Karten

Beschreibung: Jeweils ein Paar erhält eine Tabelle (s. Rückseite), in der entweder Gebirge oder Berge vorgegeben sind. Mit Bleistift ergänzen sie die beiden offenen Spalten. Tische werden mit Gebirgsnamen gekennzeichnet (Erzgebirge, Harz ...). Auf ihnen liegen Atlanten oder anderes Kartenmaterial aus. An diesen Tischen kontrollieren beide Partner und berichtigen eventuell. Danach füllen sie die nächste Zeile aus usw.

Varianten:
- Tabellen mit kleinen Skizzen ergänzen
- Gebirge in Europa, Asien, Amerika
- geografische Zuordnungen und Zusammenhänge festigen
- Anschließend kann das Wissen gefestigt werden, indem die Schüler zu Aussagen durch abgesprochene Bewegungen ihre Zustimmung oder Ablehnung signalisieren (s. Beispiel 4.6).

Gebirge	höchste Erhebung	Höhe	Bundesland	Lösung
Harz				*Brocken*
	Großer Beerberg			*Thüringer Wald*
Schwarzwald				*Feldberg*
Eifel				*Hohe Acht*
Hunsrück				*Erbeskopf*
	Großer Feldberg			*Taunus*
	Fuchskauten			*Westerwald*
	Wasserkuppe			*Rhön*
Odenwald				*Katzenbuckel*
Schwäbische Alb				*Lemberg*
	Schneeberg			*Fichtelgebirge*
	Fichtelberg			*Erzgebirge*
	Großer Arber/Großer Rachel			*Böhmer Wald*
Fränkische Alb				*Poppberg*
	Entenbühl			*Oberpfälzer Wald*
	Einödriegel			*Bayrischer Wald*
	Kalmit, Eschkopf			*Pfälzer Wald*
Elbsandsteingebirge				*Großer Winterberg*
Rothaargebirge				*Kahler Asten/Langenberg*
	Geiersberg			*Spessart*

Academia   Bewegtes Lernen: Geografie

1 Deutschland

Klasse: 5-10/12

Thema: **Mittelgebirgsland**

1.17 Stationswechsel

Ort: Unterrichtsraum
Material: entsprechend der Stationen

Beschreibung: Die Klasse teilt sich in sechs Gruppen auf. Jede Gruppe hat eine bestimmte Aufgabe zu erledigen. Nach einem bestimmten Zeitraum wird die Station (s. Rückseite) gewechselt.

Variante: auch bei anderen Themen möglich, z. B. Frankreich (s. Rückseite)

Beispiele für Mittelgebirgsland

Station A: Mit Karten, auf deren Vorderseite das Gebirge und auf deren Rückseite die höchste Erhebung stehen, fragen sich die Schüler beim Gehen durch den Raum untereinander ab.

Station B: Mit 3 bis 4 Pappdeckel (Bierdeckel) stellen die Schüler durch Verschieben die unterschiedlichen Formen der Bruchschollengebirge dar (Horst, Pultscholle, Grabenbruch, Becken).

Station C: An der Tafel stehen Mittelgebirge der BRD. Bilder, Skizzen oder Symbole der höchsten Erhebungen dieser Gebirge sind entsprechend zuzuordnen, z. B. zur Eifel eine gezeichnete Acht (für Hohe Acht) oder zum Westerwald ein gezeichneter Fuchs (für Fuchskauten).

Station D: An der Wandkarte sind Gebirge, die mit **Wald** enden, oder höchste Erhebungen, die mit **Berg** enden, zu kennzeichnen.

Station E: An einer stummen Karte (oder Folie bzw. Arbeitsblatt) bestimmen die Schüler die Gebirge.

Station F: Im Atlas sollen die Gebirge zu vorgegebenen Bergen gesucht werden (z. B. Brocken, Winterberg, Wasserkuppe, Feldberg, Schneeberg, Fichtelberg, Großer Beerberg).

Beispiele für Frankreich:

Großlandschaft in eine stumme Karte eintragen – Merkmale einer Metropole in Form eines mind maps erstellen – Weinsorten und landwirtschaftliche Produkte in Karte eintragen – topografische Fakten in stumme Karte eintragen – Etappen der Tour de France auf der Karte verfolgen

Academia   Bewegtes Lernen: Geografie

1 Deutschland

Klasse: 5-10

Thema: Mittelgebirgsland

1.18 Rollenspiel

Ort: Unterrichtsraum
Material: -

Beschreibung: Zu einem Ort im Gebirge (Beispiel Goldlauter) gibt der Lehrer einige Informationen: Lage, Entwicklung, Einwohner, Ortsbild, Erwerbstätigkeiten, Entwicklung Tourismus (im Sommer gut, im Winter bescheiden). Der Ort will eine Liftanlage bauen und es kommt zu einer Bürgeranhörung. Gruppen mit sechs Schülern werden gebildet, die je eine der nachfolgenden Person vertreten (s. Rückseite).

Varianten:
- Nachdem in den Gruppen heftig diskutiert wurde, können auch eine oder mehrere Gruppen ihr Rollenspiel vortragen.
- auch bei anderen Themen möglich, z. B. Massentourismus in den Alpen (vgl. Brodengeier et al. 1998, 86-87) bzw. in anderen Gebieten, Probleme Müllverbrennung, Nationalparks bzw. Naturschutzgebiete
- Rollenspiel auch in Verbindung mit Hausaufgaben vorbereiten
- als Projekt mit Videoaufnahme möglich

Beispiel für Rollenspiel:

Goldlauter ist seit 2002 ein staatlich anerkannter Erholungsort. Um den Fremdenverkehr zu entwickeln, werden viele Aktivitäten unternommen. Unter anderem schlägt der alpine Skiverein den Ausbau der Skiliftanlage am Salzberg (ca. 700 m über NN) mit einer Beschneiungsanlage vor. Doch zu diesem Vorhaben gibt es unterschiedliche Auffassungen:

Frau Weiß (Anwohnerin am Weg zum Salzberg): Es gibt nur wenige Parkmöglichkeiten und der Weg wird verstopft sein. Dann ist immer Chaos.

Herr Walter (Alpiner Skiverband): Die Anlage wurde von uns in Eigeninitiative erbaut. Wir haben in den alpinen Skiwettkämpfen nachweislich Erfolge. Durch den Ausbau könnten wir noch mehr trainieren und auch viele Touristen an die anspruchsvolle Strecke holen. Die Lifte in Oberhof und Schmiedefeld sind überlastet. Für die Liftbaude könnten wir jemanden einstellen, der den Gaststättenbetrieb übernimmt. Schließlich haben wir 14 % Arbeitslose.

Frau Krüger (Sportstättenverwaltung): Die Goldlauterer müssen überlegen, wo sie Prioritäten setzen. Auch das Waldbad muss entsprechend der gültigen Normen renoviert werden. Soviel Geld ist nicht vorhanden.

Frau Cottes (Fremdenverkehrsverein): Wir müssen unseren Touristen etwas bieten, denn wer hier übernachtet, bezahlt dafür Geld.

Herr Kempf (Umweltschützer): Durch den Klimawandel macht dies alles keinen Sinn. Es ist nicht genügend Wasser vorhanden, um eine Beschneiungsanlage zu betreiben. Auch die Biosphärenverwaltung ist nicht begeistert vom Projekt.

Herr Weiß (Ortschaftsbürgermeister): Er ist für den Erhalt der Liftanlage und hat zum Gespräch eingeladen.

1 Deutschland

Klasse: 5-10/11

Thema: Heimatraum

1.19 Erkundungen im Heimatraum

Ort: Heimatort
Material: entsprechend der Themen

Beschreibung: Die Schüler entscheiden sich für einen Gesichtspunkt aus der Natur- oder Kulturlandschaft des heimatlichen Territoriums (Bodenprofile an Bächen oder Flüssen, Fließgeschwindigkeit, Talformen, historische Entwicklung des Ortes, Orte früherer Besiedlung, Infrastruktur, Wirtschaftsentwicklung u. a.). Vor Ort nehmen die Schüler nach konkreten Zielvorgaben entsprechende Untersuchungen vor, befragen Experten usw. Die Ergebnisse werden den Mitschülern auf einem Poster präsentiert.

Varianten:
- Gruppenarbeit
- bei entsprechenden Inhalten auch bereits in Klasse 5 möglich (s. Rückseite)
- in ein Projekt einbinden

Beispiel Klasse 5:

Die Schüler führen in Gruppen (Belehrung!) im Heimatort entsprechend der örtlichen Bedingungen Befragungen durch und sammeln in Informationszentren, Museen, Bahnhöfen u. a. entsprechende Materialien, z. B. zur historischen Entwicklung, historischen Stätten (Denkmale, Kirchen u. a.), Verbindungswege zu anderen Orten, Großlandschaften. In Gruppenarbeit bereiten sie eine Stadtführung für die gesamte Klasse vor.

Academia   Bewegtes Lernen: Geografie

1 Deutschland

Klasse: 5-10/12

Thema: Heimatraum

1.20 Wir in der Natur

Ort: heimatlicher Nahraum
Material: entsprechend der Exkursion Aufgabenkarten

Beschreibung: Auf einem Unterrichtsgang oder einer Exkursion erfassen die Schüler die Begegnung mit natürlichen Bedingungen im heimatlichen Nahraum. Dies sollte in Form einer Wanderung, Fahrradtour, Paddeltour, Skitour o. Ä. erfolgen. Dadurch <u>erleben</u> die Schüler das Bedingungsgefüge Natur-Mensch-Bewegung und das verantwortungsvolle Verhalten bei Bewegungsaktivitäten/Sport in der Natur kann unterstützt werden. Gruppenaufträge (Beispiel s. Rückseite) können helfen das Erlebte zu verarbeiten.

Varianten:
- als Projekt oder fächerverbindenden Kurs möglich
- mit Beispiel 1.19 koppeln

Gruppenaufträge am Beispiel eines Skilagers in Oberhof

1. Stellt auf einem Poster Aktivitäten für Bewegung, Spiel und Sport zusammen, die man im Ort und der Umgebung betreiben kann!
2. Fertigt eine Skizze von Oberhof an und tragt die Sportstätten ein!
3. Sammelt Autokennzeichen von Besuchern in Oberhof, ermittelt deren Heimatorte und tragt diese in eine Karte ein!
4. Befragt Urlauber, warum sie nach Oberhof kommen! Fertigt dazu eine Übersicht an!
5. Welche FIS-Regeln müssen beachtet werden? Beobachtet, ob die Skifahrer (Loipe, Liftanlage, Hang) diese FIS-Regeln einhalten!
6. Sammelt am Hang und in der Loipe Beweise für menschliche Umweltsünden!

Gruppenaufträge am Beispiel von Wanderungen in der Sächsischen Schweiz

1. Beobachtet von einem Aussichtspunkt aus den Flusslauf der Elbe und fertigt eine Kartenskizze an! Welche Verkehrsmittel entdeckt ihr auf und neben der Elbe?
2. Bestimmt von einem Gipfel aus verschiedene Formen des Gebirges sowie die Ortschaften (und deren Funktion), die ihr sehen könnt, und fertigt eine Skizze an!
3. Welche Verhaltensregeln gelten im Nationalpark Sächsische Schweiz? Welche Pictogramme stehen dafür? Findet ihr Beweise für menschliche Umweltsünden, z. B. Radspuren auf gesperrten Wegen, Müll?
4. Welche Aktivitäten für Bewegung, Spiel und Sport bietet die Sächsische Schweiz? Stellt ein Poster zusammen!
5. Entdeckt unterschiedliche Strukturen des Sandsteines und erfühlt diese!
6. Versucht, an einem geeigneten Felsen (Absprache mit Lehrer) in geringer Höhe horizontal zu klettern (bouldern)! Was empfindet ihr dabei?
7. Ertastet euch den Weg durch eine Höhle (Begleitung durch Experten)!

1 Deutschland

Klasse: 5-10/12

Thema: Heimatraum

1.21 Exkursionen

Ort: Heimatraum, unmittelbare Umgebung des Schulgeländes
Material: entsprechend der Exkursion

Beschreibung: Viele Stundenthemen bieten sich für eine Exkursion an und sollten verstärkt genutzt werden. Vorbereitend sind für Gruppen Schüleraufträge (s. Rückseite) zu vergeben. Die Präsentation kann als Vortrag, Poster, in Form einer Power-Point-Präsentation u. a. erfolgen. Beispiele für Exkursionen:

- Beschreiben und Skizzieren von Oberflächenformen in der Natur
- Wetterstationen
- Gesteine
- Verwitterung
- Tätigkeit des fließenden Wassers
- Ortsbegehungen
- Befragungen
- ausländische Einrichtungen
- Talformen
- antrophogene Veränderungen
- Orientierung im Gelände
- Industriegebiete, Ballungsräume
- Ausstellungen, Museen
- Aufbau einer City
- Umweltbelastungen
- Müllhalden
- astronomische Zentren u. v. a. m.

Aufgabenbeispiele (Auszug) für Geografieexkursion Klasse 10:

- Bestimmt mit Karte und Kompass die Lage der Punkte, an denen eine kurze Rast gemacht wird! Fertigt eine Kartenskizze an und tragt die Exkursionsroute ein!

- Bestimmt die Talform, skizziert diese mit der Vegetation und Nutzung!

- Zeichnet das Profil des Baches, bestimmt die Fließgeschwindigkeit!

- Welche Veränderungen sind durch das fließende Wasser zu erkennen?

- Beschreibt die derzeit stattfindenden exogenen Vorgänge und Eingriffe des Menschen!

- Fertigt Bodenprofile an!

- Sammelt während der Exkursion Gesteine und bestimmt diese!

- Ermittelt in der Wetterwarte Temperatur, Bewölkung, Niederschlag, Druckgebilde!

- Informiert euch über den Tourismus in dem Gebiet (Aktivitäten und Probleme)!

- Welche Komponenten werden durch den Müll beeinflusst? Stellt diese durch Bilder/Skizzen dar!

Academia   Bewegtes Lernen: Geografie

1 Deutschland   Klasse: 10

Thema: Heimatraum

1.22 Spezialistenarbeit

Ort: Unterrichtsraum, Nebenräume
Material: entsprechende Materialien, die für die Spezialisten bereit liegen

Beschreibung: Zur Bearbeitung des Themas „Anthropogene Veränderungen" werden Stammgruppen gebildet, welche dieses Thema bearbeiten. Innerhalb der Stammgruppe werden **Spezialisten** bestimmt, die sich mit den einzelnen Spezialgebieten auseinander setzen. Spezialist A – Flussregulierungen, B – Bergbau, C – Talsperren, D - Landwirtschaft verändert Böden.
Die Spezialisten jeder Gruppe bilden wieder eine Gruppe, erarbeiten das Thema und erstellen ein mind map zum Thema. Anhand dieses mind map muss jeder Spezialist sein Spezialthema der eigenen Stammgruppe erklären können.

Variante: auf andere Themen übertragbar, z. B. Verkehrsprojekte, Mülldeponien

1 Deutschland

Klasse: 5-10

Thema: **Heimatraum**

1.23 Positionen beziehen

Ort: Unterrichtsraum, Heimatort
Material: -

Beschreibung: Zu einer konkreten Umweltproblematik (z. B. Bau einer Müllverbrennungsanlage in Suhl oder Zella-Mehlis) tragen die Schüler in Gruppenarbeit als Hausaufgabe nach einem Arbeitsplan (s. Rückseite) entsprechende Materialien zusammen. Sie erarbeiten sich ein Rollenspiel. Im Unterricht wird dies den Mitschülern vorgestellt und die Pro- und Kontrapositionen diskutiert.

Varianten:
- Material zu einem Poster zusammenstellen
- Artikel für die Schülerzeitschrift oder die regionale Presse schreiben

Beispiel für Arbeitsaufgaben zum Thema: Bau einer Müllverbrennungsanlage

- Wie funktioniert eine Müllverbrennungsanlage?
- Wann wird die Müllverbrennungsanlage benötigt?
- Welche Auswirkungen kann die Müllverbrennungsanlage auf Gesundheit und Umwelt haben?
- Sammelt Pro- und Kontraargumente der Bürger!
- Welche Maßnahmen dienen der Müllvermeidung? Was kann jeder von euch tun?

Academia   Bewegtes Lernen: Geografie

2 Kontinente

Klasse: 6

Thema: Europa

2.1 Gliederung Europas

Ort: Unterrichtsraum
Material: -

Beschreibung: Einzeln oder paarweise stellen die Schüler mit dem Körper die Anfangsbuchstaben dar, die den Teil Europas kennzeichnen, zu dem das vom Lehrer genannte Land gehört (s. Rückseite).

Varianten:
- Der Lehrer nennt Staaten und die Schüler zeigen durch Bewegung, ob es ein Küstenland oder Binnenland ist.
- Benennung von Meeren – Schüler zeigen ein Randmeer oder Binnenmeer

Darstellungsmöglichkeiten für Anfangsbuchstaben
(Dem Einfallsreichtum sind keine Grenzen gesetzt!)

Osten – O: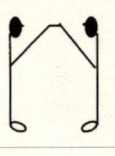

Norden – N: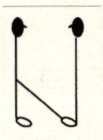

Westen – W: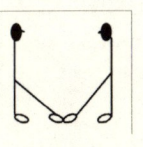

Süden – S:
(Sonnenstrahlen)

Mitte – M: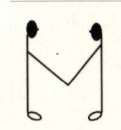

Academia Bewegtes Lernen: Geografie

2 Kontinente

Klasse: 6

Thema: **Europa**

2.2 Lagebeschreibungen

Ort: Unterrichtsraum
Material: Karten mit den Namen der Staaten Europas

Beschreibung: Die Schüler finden sich zu Paaren zusammen. Einer nimmt eine Karte vom Lehrertisch mit dem Namen eines Staates Europas, ohne dass der Partner diese sieht. Er beschreibt die Lage und der Partner muss das Land erkennen. Nach dem Partnerwechsel wird erneut eine Karte gezogen.

Varianten:
- Inseln und Halbinseln Europas
- Gebirge und Berge Europas
- kulturelle Sehenswürdigkeiten
- auswertend wird gemeinsam eine Lageskizze erstellt

Dänemark	Finnland	Norwegen	Schweden
Niederlande	Luxemburg	Polen	Deutschland
Schweiz	Österreich	Belgien	Ungarn
Frankreich	Italien	Spanien	Portugal

Academia

Bewegtes Lernen: Geografie

2 Kontinente

Klasse: 6-10/11

Thema: Europa

2.3 Klima und Vegetation

Ort: Unterrichtsraum
Material: Bilder, Klimadiagramme

Beschreibung: Im Raum verteilt liegen Bilder mit Merkmalen der Vegetationszonen Europas und Klimadiagramme der jeweiligen Vegetationszone. Die Schüler leiten daraus die entsprechenden Merkmale ab und füllen am Platz eine Tabelle (s. Rückseite) aus. Mit einer Übersicht hinter der Tafel können sie nach der eigenen Erarbeitung ihre Tabelle vergleichen.

Varianten:
- Klimamemory (Bilder und Klimadiagramme liegen aus)
  Die Schüler sollen Ursachen erforschen und Begründungen abgeben.
- Atmosphärische Zirkulation (Kl. 11)
- Gruppenarbeit
- eine Tabelle mit verwechselten Daten korrigieren

Lage	Vegetationszone	Merkmale	Klimazone	Sommer	Winter

Academia

Bewegtes Lernen: Geografie

2 Kontinente

Klasse: 5-10/12

Thema: Europa

2.4 Lerngeschichte mit Bewegung

Ort: Unterrichtsraum
Material: -

Beschreibung: Zu einem erarbeiteten Thema bekommen die Schüler die Hausaufgabe, eine Geschichte zum Thema mit Bewegung zu schreiben (s. Rückseite). Die Bewegungen sollten einfach und für alle nachvollziehbar sein. Einzelne Schüler tragen ihre Geschichte zum Lernstoff verbunden mit passenden Bewegungen vor. Die Mitschüler vollziehen die Bewegungen.

Varianten:
- bei unterschiedlichen Themen anwendbar, z. B. „Ein Tag im Tropischen Regenwald"
- auch Entspannungs- bzw. Bewegungsgeschichten zur Auflockerung der Stunde sind möglich

Landgewinnung in Japan

Da Japan sehr gebirgig ist (Gebirge andeuten), konzentrieren sich die Siedlungen und Industrien an der Küste (mit den Händen ein Haus formen und anschließend Wellenbewegung). Es gibt nur wenig Bauland in Japan. Deshalb ist Tokio auch die teuerste Stadt der Welt (Geldbewegung zwischen den Fingern). Für neue Industrien gibt es kaum noch Platz (ahnungslose Geste). Es gibt Ideen (an den Kopf fassen), Ballungsräume unter der Erde in Etagen zu bauen (Schachtbewegung) oder Neuland vom Meer (Wellenbewegung) zu holen (Holbewegung). Dazu wollen die Japaner Gebirge abtragen (Gebirge zeigen und Schaufelbewegung) und das Material in das flache Meer kippen (Kippbewegung). Man spricht von doppelter Landgewinnung (rechte Faust/linke Faust und dann Holbewegung). Das neu gewonnene Land kann für den Bau von neuen Industrieanlagen genutzt werden (mit den Händen ein Haus formen). Die alten Industriegebiete werden umstrukturiert für Zukunftstechnologien (wie ein Roboter auf der Stelle laufen). (U. Ende, Herder-Gymnasium Suhl, Klasse 8)

Landgewinnung in den Niederlanden

Kommt man in den Niederlanden an, fallen einem sofort die flachen, hügellosen Landschaften auf (Handbewegungen). Ein Viertel des Tieflandes (zeigen) liegt unter dem Meeresspiegel (Wellenbewegung) hinter schützenden (Schutzwall andeuten) Dämmen/Deichen. Durch Holland (Holbewegung) ziehen viele Flüsse und Kanäle in alle Himmelsrichtungen (zeigen).

Seit 1920 wurden im Gebiet des Ijsselmeeres 2200 km^2 Neuland gewonnen, also vom Meer geholt (Holbewegung). Zuerst (mit Finger zeigen) wurden Polder gebaut und Ringdeiche (Kreisbewegung) angelegt (arbeitende Tätigkeiten zeigen). Die Dämme sind Abgrenzungen (Handbewegung) von Nordsee und Gezeiten. Die Pumpen (Pumpbewegung) pumpen das Wasser (Wellenbewegung) aus dem Ringdeich (Kreisbewegung). So entsteht neu gewonnenes Land. (Volkmar, J., Herder-Gymnasium Suhl, Klasse 6)

2 Kontinente   Klasse: 6-9

Thema: Europa

2.5 Speisen und Produkte aus Frankreich

Ort: Unterrichtsraum
Material: französische Produkte, Speisen (Käsesorten, Baguette, Crepes, Saft als Wein)

Beschreibung: Die Schüler haben als Hausaufgabe folgende Aufträge erhalten: Informiert euch über französische Produkte in unseren Geschäften und bringt welche zum Unterricht mit! Organisiert in Gruppen ein französisches Essen (Eltern evtl. mit einbeziehen)! Im Unterricht wird nicht nur französisch gegessen, sondern die Produkte werden auch den Landwirtschaftsgebieten zugeordnet und in eine Skizze eingetragen. Der Lehrer stellt Weingebiete vor.

Varianten:
- bietet sich auch für andere Länder an, z. B. Italien, Spanien, China, Mexiko (Reissorten, Anbaugebiete und Bedingungen)
- als Projekt oder fächerverbindender Kurs

Landwirtschaftsgebiet	Speisen	Bild
Bretagne	Milchprodukte: Camembert, Brie, Le Tartare Obstweine Zuckerrüben, Getreide	
Champagne	Wein, Sekt (Export) Zuckerrüben	
Elsassgebiet	Wein (Export)	
Rhonetal	Wein (Cates du Rhone) Reis Obst Vorsicht: Mistral	
Provence	Obst Gemüse Honig	
Cognac	Weine, Schnaps (Export) Tabak	
Gascogne	Kornkammer (Weizen, Mais) Wein (Armagnac)	
Bordeaux	Wein (Export)	

2 Kontinente

Klasse: 6-10/12

Thema: Europa

2.6 Tourismus in den Alpen

Ort:	Unterrichtsraum
Material:	Tafel, Materialien zur Auswertung (Statistiken, Tabellen, Texte, Karten) (z. B. Materialien zur Umwelterziehung in den Alpen, diese können kostenlos beim DSV angefordert werden)
Beschreibung:	Jede Gruppe erarbeitet anhand des ausliegenden Materials die Hauptaussagen. Diese wird in Form eines mind maps (s. Rückseite) von jeder Gruppe an die Tafel geschrieben, gemeinsam kontrolliert und ins Heft übernommen.
Varianten:	• auch bei anderen Themen möglich, z. B. ökologische Probleme des Tourismus • Verbindung mit Rollenspiel (s. Beispiel 1.18)

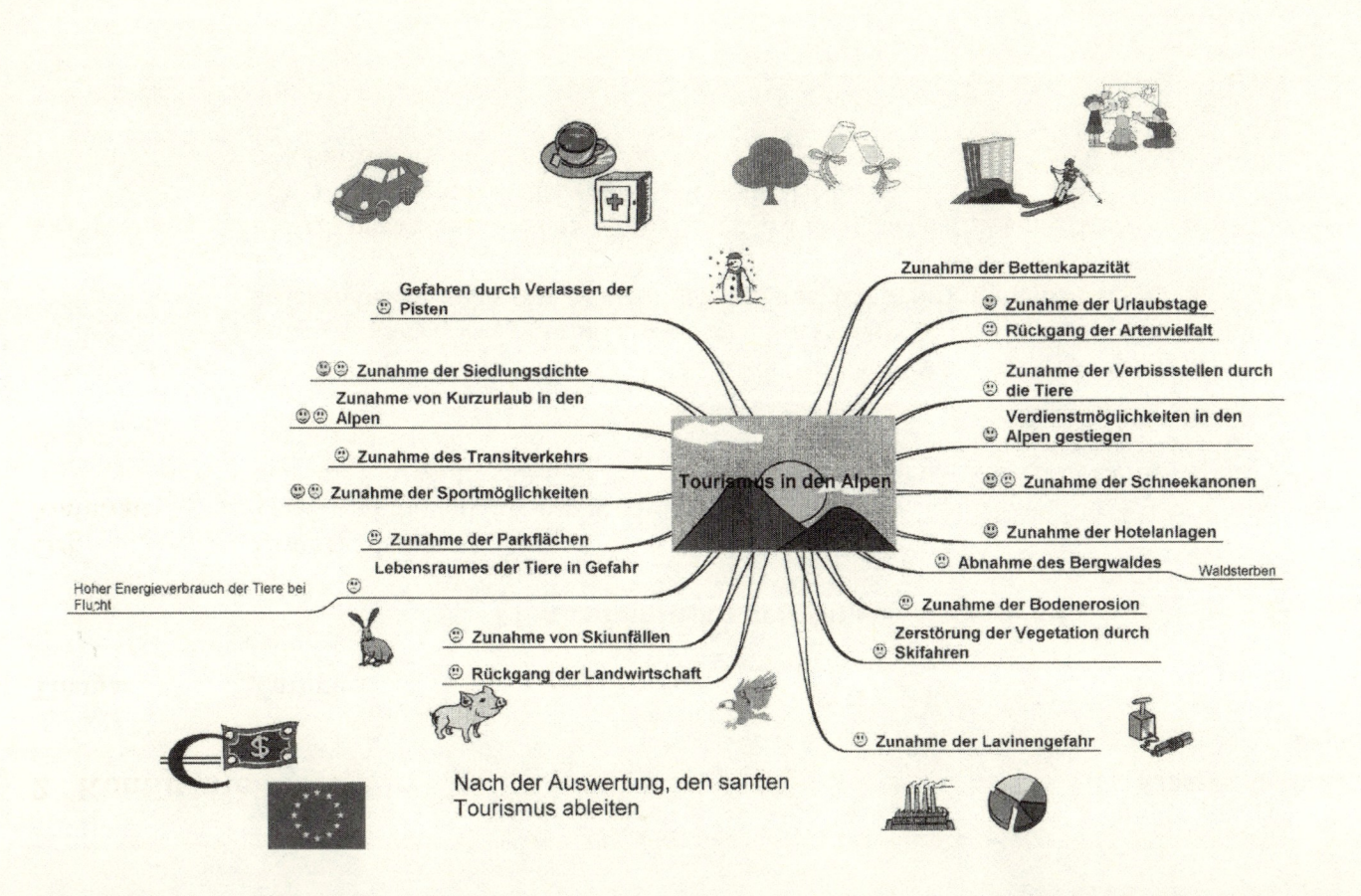

Tourismus in den Alpen

Gefahren durch Verlassen der ☺ Pisten

Zunahme der Bettenkapazität

☺☺ Zunahme der Urlaubstage
☺ Rückgang der Artenvielfalt

☺☺ Zunahme der Siedlungsdichte

Zunahme von Kurzurlaub in den
☺☺☺ Alpen

Zunahme der Verbissstellen durch
☺ die Tiere

Verdienstmöglichkeiten in den
☺ Alpen gestiegen

☺ Zunahme des Transitverkehrs

☺☺ Zunahme der Sportmöglichkeiten

☺☺ Zunahme der Schneekanonen

☺ Zunahme der Hotelanlagen

☺ Zunahme der Parkflächen

Lebensraumes der Tiere in Gefahr
☺

☺ Abnahme des Bergwaldes   Waldsterben

Hoher Energieverbrauch der Tiere bei
Flucht   ☺

☺ Zunahme der Bodenerosion

Zerstörung der Vegetation durch
☺ Skifahren

☺ Zunahme von Skiunfällen

☺ Rückgang der Landwirtschaft

☺ Zunahme der Lavinengefahr

Nach der Auswertung, den sanften
Tourismus ableiten

Academia

Bewegtes Lernen: Geografie

2 Kontinente

Klasse: 6

Thema: Europa

2.7 Brainblooming

Ort: Unterrichtsraum
Material: Zettel, Magneten

Beschreibung: Zum Thema Italien werden alle Schüler aufgefordert Themen aufzuschreiben, die in den nachfolgenden Stunden behandelt werden sollten. Nachdem alle ihre Zettel an die Tafel geheftet haben, können unbekannte Begriffe geklärt werden. Anschließend werden die Schüler aufgefordert die Begriffe zu ordnen und für jede Gruppe eine Überschrift zu finden. Stehen die Überschriften fest, kann der Lehrer Themen für die Folgestunden ableiten (Klima, Vegetation, Industrie im Nord-Südgefälle, Vulkane, Mittelmeer, Tourismus).

Variante: In jeder Klassenstufe gibt es Themen, die sich für diese Arbeit eignen.

Beispiel Brainblooming: Italien

Venedig

Capri   Olivenöl

Mittelmeer   Mafia   Pisa

Fiat   Mode aus
Mailand

Vesuv   Spagetti

immer warm   Eis   Orangen

Sizilien

Süditalien   Vatikanstadt   Zitronen

Adria   Ätna   Pizza   Wein

Urlaub   Apenninen

Ordnen nach: 1. Was gehört zusammen?

2. Überschriften finden, z. B. Oberfläche, Klima, Vegetation, Industrie, Landwirtschaft, Tourismus

2 Kontinente

Klasse: 6

Thema: Europa

2.8 Was gehört zusammen?

Ort: Unterrichtsraum
Material: Karten mit Begriffen

Beschreibung: Es werden Karten vorbereitet, bei denen mindestens vier jeweils zu einem Land gehören (Beispiel s. Rückseite). Jeder Schüler nimmt eine Karte. Nun finden sich die Gruppen entsprechend der Länder zusammen.

Varianten:
- Die gebildeten Gruppen tragen Fakten zu den Begriffen zusammen.
- Es können auch Bilder/Fotos mit zugeordnet werden.
- Jede Gruppe überlegt sich gemeinsam zu den einzelnen Begriffen jeweils eine Aussage. Diese wird den anderen Schülern vorgetragen. Dabei kann das Land benannt werden oder ist durch die Mitschüler zu finden.

Frankreich	größter Weinexporteur	La Havre	Straßburg	Cervennen
Großbritannien	Midlands	Dockhafen	Man	Pennines
Niederlande	Holland	Tulpen	Polder	Deltaprojekt
Italien	Adria	Ätna	Capri	Stromboli
Spanien	Ebro	Huerta	Meseta	Mallorca
Island	Hekla	Vatnajökull	Nordpolarkreis	Geysire

Academia

Bewegtes Lernen: Geografie

2 Kontinente Klasse: 6

Thema: Europa

2.9 Ich erkläre mir ...

Ort: Unterrichtsraum
Material: Gegenstände zum Balancieren bzw. Jonglieren

Beschreibung: An der Tafel stehen gelernte geografische Begriffe und Sachverhalte, z. B. Neulandgewinnung, Aufbau eines Vulkans, Eurotunnel, Huerta. Die Schüler stehen im Einbeinstand und erklären sich selbst diesen Begriff.

Varianten:
- Definitionen aufsagen
- Überkreuzbewegungen ausführen
- Gegenstände balancieren oder jonglieren
- zur Kontrolle Hefter, Nachschlagewerke u. a. nutzen

2 Kontinente

Klasse: 6

Thema: Europa

2.10 Von Platz zu Platz

Ort: Unterrichtsraum
Material: Karten mit Umrissen von Staaten Europas

Beschreibung: Auf den Schülertischen verteilt liegen Karten mit Umrissen von Staaten Europas. Auf der Rückseite stehen das Land und wichtige Informationen. Jeder Schüler geht zu einem Platz und versucht ohne Benutzung der Rückseite das Land sowie wichtige Informationen in ein vorbereitetes Arbeitsblatt (s. Rückseite) einzutragen. Anschließend kann er mit der Kartenrückseite vergleichen. Platzwechsel.

Varianten:
- Als Unterstützung können zusätzliche Materialien ausgelegt werden.
- Eine Tabelle mit den Ergebnissen kann auch hinter der Tafel angeheftet werden.

Staat	Hauptstadt	Bodenschätze	Besonderheiten	Lage in Europa

Academia   Bewegtes Lernen: Geografie

2 Kontinente

Klasse: 6

Thema: Europa

2.11 Wissenstest

Ort: Unterrichtsraum
Material: Karten mit Fragen und Antworten

Beschreibung: Im Unterrichtsraum liegen verteilt einzelne Fragen und Antworten (A, B, C). Die Schüler werden aufgefordert von Frage zu Frage zu gehen und auf einem vorbereiteten Arbeitsblatt die richtigen Antworten anzukreuzen (Beispiel s. Rückseite).

Varianten:
- Erhöhung der Schwierigkeit dadurch, dass auch zwei Antworten richtig sein können
- auf andere Themen übertragbar
- themengebundene Arbeit nach Kategorien, z. B. Politik, Wirtschaft, Natur, Bevölkerung u. a.

Beispiel für Fragen und Antworten:

Frage	A	B	C
1. Welches Land gehört nicht zur EU?	Rumänien	Bulgarien	Lettland
2. Welches Land gehört nicht zu Osteuropa?	Ukraine	Polen	Ungarn
3. Welches Land hat Anteil an den Alpen?	Italien	Frankreich	Ungarn
4. Wo befindet sich der Europäische Gerichtshof?	Brüssel	Luxemburg	Amsterdam
5. Wo ist der Sitz des Europaparlamentes?	Straßburg	Brüssel	Luxemburg
6. Welches Land besitzt Erdöl?	Norwegen	Großbritannien	Italien
7. Welches Land ist führend in der Neulandgewinnung?	Deutschland	Niederlande	Großbritannien
8. Welches Land ist das führendste Exportland?	Frankreich	Großbritannien	Deutschland
9. Zu welchem Land gehört Madeira?	Portugal	Spanien	Marokko
10. Welcher Vulkan gehört nicht zu Italien?	Ätna	Vesuv	Hekla

Academia   Bewegtes Lernen: Geografie

2 Kontinente

Klasse: 6-10/12

Thema: Europa

2.12 Umweltprobleme

Ort: Unterrichtsraum
Material: Bilder zum Thema

Beschreibung: Verschiedene Bilder werden im Unterrichtsraum angebracht bzw. ausgelegt:
- Algenteppich in der Adria
- Ölteppich auf der Nordsee
- Verkehrsstau auf der Autobahn
- Bodenerosion in den Alpen
- Waldsterben im Erzgebirge/Böhmer Becken
- Smogalarm

Gruppen von Schülern wählen sich ein Bild aus und diskutieren dort gemeinsam über diese Problematik (Zeitvorgabe). Anschließend wechseln sie zu einem anderen Bild. Zum Abschluss sollte eine Ergebnissicherung erfolgen: Maßnahmen benennen nach Pro- und Kontradiskussion, mind map, Lückentext u. a.

Variante: Bilder zu Staaten Europas oder Geozonen

2 Kontinente

Klasse: 6

Thema: Europa

2.13 Kreuzworträtsel

Ort: Unterrichtsraum
Material: Karteikarten, Atlanten, Lehrbücher

Beschreibung: Jeder Schüler zieht eine Karte, auf der ein topographischer Begriff (Städtenamen, Flüsse, Berge, Inseln) steht. Die Rückseite ist mit einem Buchstaben versehen, der als Teil der Lösung dient. Die Fragen eines Kreuzworträtsels liegen/hängen verteilt im Zimmer aus (s. Rückseite). Jeder Schüler hat ein nicht ausgefülltes Kreuzworträtsel, geht zu den Fragen und setzt die Lösungen ein. Die gekennzeichneten Felder ergeben ein Lösungswort (neu zu erarbeitender Begriff). Zur Unterstützung könnten Atlanten, Lehrbücher u. a. genutzt werden.

Varianten:
- Partnerarbeit
- Silbenrätsel
- bei anderen Themen möglich

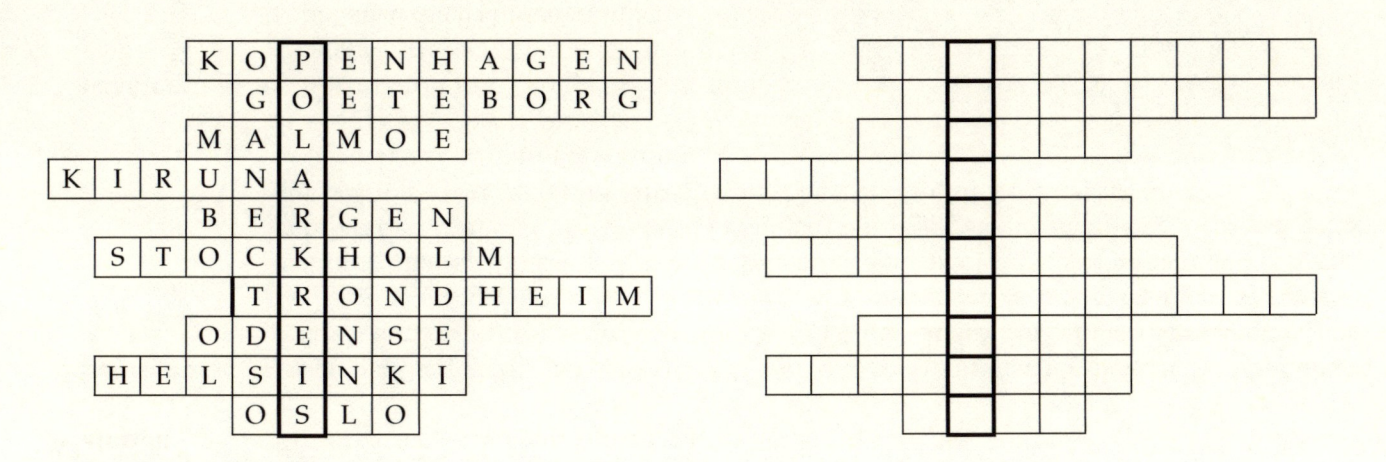

Fragen:

- Hauptstadt von Dänemark?
- Millionen-Stadt an der Küste zum Kattegat?
- Fährverbindung von Hamburg zur schwedischen Stadt Öresund?
- Schwedens große Eisenerzlagerstätte?
- Stadt Norwegens südlich von Sognefjord?
- Hauptstadt Schwedens?
- Stadt am Trondheimsfjord?
- größte Stadt auf der Insel Fünen?
- Hauptstadt Finnlands?
- Hauptstadt Norwegens?

Academia   Bewegtes Lernen: Geografie

2 Kontinente

Klasse: 6-8

Thema: Afrika

2.14 Reise durch Afrika

Ort: Unterrichtsraum
Material: -

Beschreibung: Je zwei Schüler bereiten sich anhand von Literatur vor, als Reiseleiter mit den Gästen durch einen Nationalpark bzw. Naturreservat zu fahren, das jeweils einen ganz bestimmten natürlichen Raum Afrikas vertritt. Sie beschreiben die Tier- und Pflanzenwelt sowie deren Nutzung und weisen auf Veränderungen während der Regenzeit hin.

Varianten:
- Der Reiseleiter kann auch einige Fehler einbauen. Wer diese erkennt, springt auf.
- Naturreservate in anderen Erdteilen „bereisen"
- vereinbarte Bewegungen ausführen, wenn ein Tiername (z. B. aufstehen), Pflanzenname (z. B. sich drehen) usw. kommt
- Faustskizze mit Reiseroute als Tafelbild entwickeln

Bewegungsreise durch Tansania

Auf den Spuren von Marco Polo fahren wir mit dem Schiff entlang der afrikanischen Küste bis zur Insel Sansibar. Hier steigen wir aus (Bewegung) und erfahren auf der Insel, dass diese eine Sklaveninsel (Peitschenbewegung) war. Sansibar wurde später, als Deutschland noch Kolonialmacht war, im Tausch mit Helgoland an Großbritannien übergeben (Bewegung).

Von Sansibar fliegen wir weiter nach Tansania. Von oben können wir die Stufenlandschaft (Stufen zeigen) sehen, die sich bis zum ostafrikanischen Graben (Kerbe zeigen) zieht. An der Küste landen wir und starten eine Exkursion zum Viktoriasee (Wellenbewegung). Zuerst erreichen wir das Usambaragebirge (Berg aufzeigen) und entdecken ganz viele Usambaraveilchen (Blume in den Raum malen). Wir fahren weiter und erkennen schon am Horizont den Kilimandscharo, den höchsten Berg Afrikas (die Höhe zeigen). Zuvor erreichen wir den Arusha-Nationalpark. Hier gibt es viele Tiere zu sehen (Hand an die Stirn und Schaubewegung). Dies ist einer von vielen Nationalparks Tansanias. Als wir am Kilimandscharo ankommen, haben wir gute Sicht und können die Kaiser-Wilhelm-Spitze erkennen (Schnurrbart zeigen). Dieser Berg trotzt dem Äquator, denn da oben liegt Schnee (Skibewegung). Weiter geht es ins Hochland der Riesenkrater (große Bewegung), wo sich der Ngorongorokrater als größter natürlicher Zoo befindet. Er ist ein Einsturzkrater (einbrechende Bewegung), in dem viele Nashörner (an die Nase fassen) und die Masai (auf der Stelle springen) leben. Nachdem wir den Ngorongoro verlassen haben, erreichen wir die Schlucht von Olduvai, die Wiege der Menschheit (Baby im Arm wiegen). Hier sind durch Ausgrabungen (Bewegung) Fossilien von den ältesten Menschen gefunden worden.

Unsere letzte Station vor dem Viktoriasee (Wellenbewegung) ist die Serengeti, der größte Nationalpark mit seinen vielen Herdentieren (Galoppierbewegung). Nun endlich haben wir den Viktoriasee erreicht und fahren mit dem Schiff (Ruderbewegung) weiter bis zum Nil. Dann rudern wir weiter bis zum Sueskanal und fliegen von dort wieder nach Hause. (Ende, Sandra, Herder-Gymnasium Suhl, Klasse 7)

Wer kann nach dieser Geschichte bestimmte Bewegungen einem Sachverhalt zuordnen?
Was haben wir alles „gesehen"?

Academia   Bewegtes Lernen: Geografie

2 Kontinente

Klasse: 7-8

Thema: Afrika

2.15 Apartheid im Rollenspiel

Ort: Unterrichtsraum

Material: weiße Karten (weiße Bevölkerung) für 30 % der Schüler, schwarze Karten (schwarze Bevölkerung) für 70 % der Schüler, evtl. Unterteilung in die verschiedenen Volksgruppen (Zulu, Quaqua, Kanguane usw.) vornehmen (Vgl. Brucker 1989)

Beschreibung: Nach Klärung des Begriffes Homelands und dem Anteil der unterschiedlichen Bevölkerungsgruppen an der Flächennutzung (70 % der „schwarzen Bevölkerung" lebten auf 14 % der Gesamtfläche Südafrikas) werden vom Unterrichtsraum 14 % abgeteilt. Darin stellen sich 70 % der Schüler (schwarze Karten) auf. Die „weiße Bevölkerung" platziert sich im restlichen Raum. Beide Gruppen können nach ihrem Befinden gefragt und es sollten nach Einschätzung der Situation Lösungsansätze angeboten werden.

Varianten:
- Die Situation kann noch verschärft werden, indem von den 14 % Raumfläche etwa ein Drittel abgeklebt wird (30 % landwirtschaftliche Nutzfläche).
- Ergebnissicherung als Tafelbild mit Kreisdiagrammen
- auf den Erdölanteil der einzelnen Länder im Orient übertragen

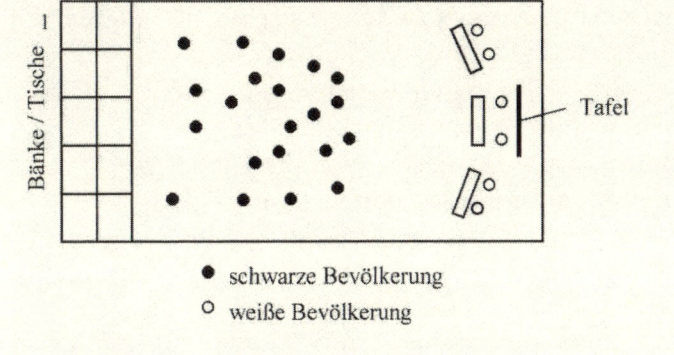

1

Bänke / Tische

● schwarze Bevölkerung
○ weiße Bevölkerung

Tafel

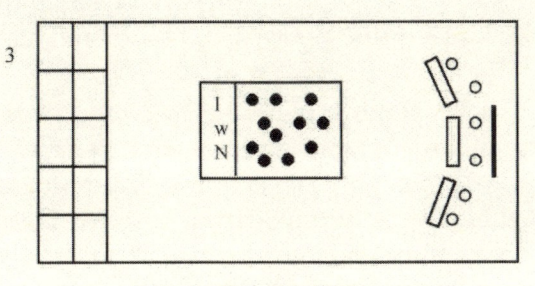

3

lwN - landwirtschaftliche
Nutzfläche (30%)

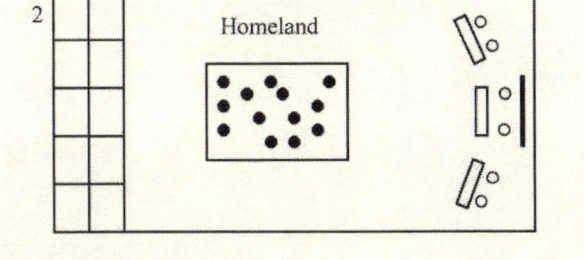

2

Homeland

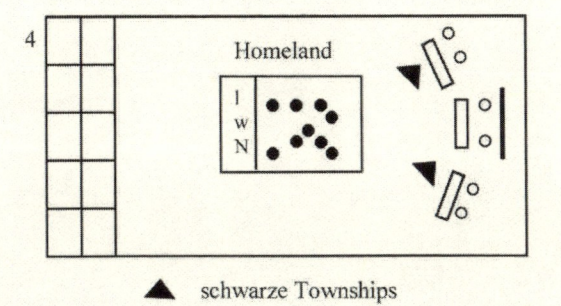

4

Homeland

▲ schwarze Townships

Academia

Bewegtes Lernen: Geografie

2 Kontinente

Klasse: 7-8

Thema: Afrika

2.16 Die Palavermethode

Ort: Unterrichtsraum
Material: -

Beschreibung: Die Menschen in Afrika haben vielerlei Konflikte, aber auch traditionelle Formen der Konfliktbearbeitung, z. B. die Palavermethode. Nachdem diese Form besprochen wurde (s. Rückseite), setzen sich die Schüler gruppenweise in Kreisen auf den Boden. Ein „Bote" verliest den „Brief aus Ruanda" (s. Rückseite). Anschließend palavern die Kreise nach den vorgeschriebenen Phasen, soweit wie möglich (außer Schlachtung!).

Varianten:
- andere Konflikte bearbeiten, z. B. ein Dorfbewohner hat einem anderen verdorbenes Fleisch verkauft; Jugendliche haben einen anderen Jungen gedemütigt
- gruppenweise einen Brief schreiben
- fachübergreifend mit Ethik arbeiten
  (Zuarbeit: T. Rhode-Jüchtern)

Palavermethode

„Palavern" ist eine Form der Konfliktbearbeitung in der Gemeinschaft bei Präsenz der Betroffenen durch Kommunikation ohne verletzende Argumente und Festlegungen.

Mögliche Phasen:

- Kontakteröffnung, z. B. Waffen ablegen
- Zeichen der Gastlichkeit, z. B. Getränke reichen
- Sympathiegewinnung, z. B. Nachfragen nach den Kindern, Geschichten austauschen
- schweigendes Hinhören, Vermeidung von persönlichen Verletzungen
- Abschiednehmen, z. B. Segenswünsche, Waffen zurückgeben

Beispiel: Ein Brief aus Ruanda

„Die Familie des Mörders brachte einen Stier, der vor dem Hof des Dorfchefs geschlachtet wurde, und die beiden verfeindeten Familien mussten sich gemeinsam mit dem Blut des Stiers waschen. Das Fleisch des Stiers wurde gebraten und von beiden Familien gegessen. Lieber Freund, ich will nicht sagen, die Hutus und die Tutsis sollten in diese Praktiken ihrer Vorfahren zurückfallen, um sich zu versöhnen. Ich wollte nur sagen, dass die Alten Wege gefunden hatten, um den Kontakt unter den Brüdern nach einem Drama wiederherzustellen und miteinander zu sprechen. In der Tat, was wichtig war bei diesen traditionellen Versöhnungszeremonien, war weniger das Ritual als die Tatsache, dass es den zerstrittenen Parteien möglich wurde, sich wieder zu finden, wieder miteinander zu sprechen."

(Kanwischer & Rhode-Jüchtern 2001, 41)

Academia   Bewegtes Lernen: Geografie

2 Kontinente

Klasse: 7-8

Thema: Afrika bzw. Asien

2.17 Fremde Kulturen

Ort: Unterrichtsraum
Material: -

Beschreibung: Es gibt in allen Kulturen festgelegte Regeln und Zeichen, die teilweise sogar bewusst zur Abgrenzung benutzt werden, z. B. Kopftuch, Baseballkappe, Handhalten, auf-den-Boden-Spucken, u. v. m. Man kann eine multikulturelle Straße spielen, in der solche Zeichen und Handlungen eingesetzt werden. In einer Gesprächsrunde wird danach besprochen, was dahinter stecken könnte; wie die Empfindungen waren; ob man allgemeine Regeln vereinbaren sollte (Kopftuchverbot, Spuckverbot, Mindestdistanzen, „in die Augen schauen", Freund/Freundin in der Öffentlichkeit umarmen etc. Ziel ist die Kenntnis von Formen und Hintergründen von Alltagskultur und die Fähigkeit zum Umgang im interkulturellen Kontakt.

Variante: s. Rückseite

Variante: Sitzen an einem (Cafe-)Tisch: Der eine fixiert den anderen, betastet sogar seine Haut am Unterarm (das kann einem in Indien passieren, im Bus oder anderswo); ein anderer guckt immer zur Seite, wenn er mit jemandem spricht (das kann man in Afrika südlich der Sahara erleben). Die Wirkungen auf den Partner werden besprochen. (Zuarbeit: T. Rhode-Jüchtern)

Academia   Bewegtes Lernen: Geografie

2 Kontinente

Klasse: 7-10/12

Thema: Asien

2.18 Was gehört zu welcher Zone?

Ort: Unterrichtsraum
Material: Karten mit Merkmalen von Klima- und Vegetationszonen (s. Rückseite)

Beschreibung: Die Übersicht (s. Rückseite) wird zerschnitten und die einzelnen Zonen an unterschiedlichen Stellen des Raumes ausgelegt. In Gruppenarbeit werden die Merkmalskarten den jeweiligen Klima- und Vegetationszonen zugeordnet. Dabei sollen die Schüler sich gegenseitig die getroffene Entscheidung erklären.

Varianten:
- Klima- und Vegetationszonen Amerikas oder Afrikas
- evtl. in Tabellenform an Tafeln arbeiten, Karten mit Magneten anheften
- durch weitere Geofaktoren ergänzen (Tierwelt, Boden, Relief, geologischer Bau u. a.)
- Klimadiagramme mit einbeziehen

Vegetationszone	Vegetation	Klimazone (nach Neef)	Klima	Nutzung
Tundra	Flechten, Moose, Kräuter, Zwergsträucher	subpolare Klimazone	lange kalte Winter, kurze warme Sommer, Dauerfrostböden	Viehzucht: Rentiere, Pelztiere
Taiga	Nadelbäume (Osten: Lärchen, Westen: Kiefern, Fichten) Vegetationsperiode 4-5 Monate	gemäßigte Klimazone	Frostperiode wird von Norden nach Süden kürzer	Holzwirtschaft
Laub- und Misch-wald	Fichten, Kiefern, Eichen, Linden, weitgehend abgeholzt	gemäßigte Klimazone	niederschlagsreichstes Gebiet Sommer: 19° C, Winter: -8° C	Landwirtschaft Ackerbau
Steppe	Waldsteppe geht in Grassteppe über	gemäßigte Klimazone	niederschlagsarm Sommer: 22° C, Winter: -8° C	Ackerbau, vor allem Schwarzerde
winterkalte Halb-wüsten und Wüsten	pflanzenarm, Pflanzen mit ge-ringem Wasserverbrauch	gemäßigte Klimazone	Trockenheit nimmt zu heiße Sommer, kalte Winter	Ackerbau (Bewässerung), Nomadenwirtschaft
Zone der Hartlaubgewächse	mediterrane Pflanzen (Hartlaub-gewächse, wie Zypressen, Lorbeer)	subtropische Klimazone oder Mittelmeerklima	keine Frostperiode, hohe Nie-derschläge im Herbst/Winter	Trocken-/Bewässerungs-feldbau (Wein, Tee, Kork, Oliven), Tourismus
Tropische Wüsten	pflanzenarm, Pflanzen durch Wasserspeicher und lange Wurzeln angepasst	Passatklima	Trockenheit, große Temperaturunterschiede zwischen Tag und Nacht	Oasenwirtschaft, Nomadenwirtschaft
Savannen	nimmt vom Äquator hin ab, Grasschicht mit verteilten Holzpflanzen, Feucht-, Trocken-, Dornsavanne	tropisches Wechselklima	Trockenzeit Regenzeit	Viehzucht: Ziegen, Schafe, Rinder, Kamele Ackerbau: Hirse, Mais, Bananen, Baumwolle
Tropischer Regen-wald	immergrün, Etagenbau, Edelhölzer, Pflanzenvielfalt	Äquatorialklima	feucht, warm, hohe Luftfeuchtigkeit	Holzwirtschaft. Wander-feldbau, Rinderzucht

Academia   Bewegtes Lernen: Geografie

2 Kontinente

Klasse: 6-8

Thema: Amerika

2.19 Quartett

Ort: Unterrichtsraum, Schulhof
Material: Karteikarten (mindestens vier zusammengehörige Begriffe)

Beschreibung: Jeder Schüler zieht eine Karte aus dem bereitgelegten Stapel. Diese Karten werden offen für jeden ersichtlich vor dem Körper gehalten. Nachdem sich jeder orientieren konnte, finden sich die Schüler mit den Begriffen, die zur gleichen Kategorie gehören, zu einem Quartett zusammen.

Varianten:
- auch bei anderen Themen möglich
- Fortbewegungsart verändern (rückwärts gehen, Einbeinsprünge, Ballengang)
- Die Schüler finden sich nicht mehr zusammen, sondern verdecken auf ein Zeichen ihre Karteikarten und nennen die passenden Wörter, die im Umlauf waren.

Beispiele für Quartette:

Bundesländer USA	New York	Texas	Kalifornien	Florida
Bundesländer Kanada	Yukon	Quebec	Ontario	Britisch-Columbia
Städte USA	Austin	Houston	Detroit	Seattle
Städte Kanadas	Toronto	Calgary	Vancouver	Ottawa
Gebirge Nordamerikas	Kaskadenkette	Sierra Nevada	Appalachen	Alaskagebirge
Gebirge Südamerikas	Anden	Bergland von Guyana	Patagonische Kordillere	Brasilianisches Bergland
Länder Südamerika	Peru	Venezuela	Bolivien	Chile
Flüsse, die in den Golf von Mexico münden	Rio Grande	Mississippi	Colorado	Alabama
Städte Brasiliens	Rio de Janeiro	Salvador	Porto Alegra	Brasilia
Berge der Rocky Mountains	Mount Columbia	Bohra Peak	Blanca Peak	Mount Elbert
Berge der Anden	Cotopaxi	Chimborasso	Huascaran	Aconcaqua
New York	Central Park	Wallstreet	Empire State Building	Brooklyn
Rio de Janeiro	Karneval	Zuckerhut	Copacabana	Flamengo

Academia

Bewegtes Lernen: Geografie

2 Kontinente Klasse: 5-8

Thema: Polargebiete

2.20 Entdeckung der Polargebiete

Ort: Unterrichtsraum
Material: -

Beschreibung: Kleingruppen bereiten anhand von Literatur auf Episoden aus der Entdeckung der Polargebiete vor. Ein Schüler übernimmt die Rolle des Erzählers, die anderen stellen die geschilderten Ereignisse pantomimisch dar. Zielstellung ist, durch das Spiel den entsprechenden Lebensraum sowie historische Zusammenhänge kennen zu lernen.

Varianten:
- szenisches Spiel
- weitere geografische Entdecker/Entdeckungen darstellen (Kolumbus, Marco Polo, Besteigung des Mount Everest u. a.)
- passende Musik mit einbeziehen, z. B. Stern-Combo Meißen „Kampf um den Südpol"

Bewegungsgeschichte Entdeckung der Polargebiete

Im Oktober 1911 packte der Norweger Amundsen seine Sachen und segelte (pusten) Richtung Südpol zum Roßschelfeis. Mit Hundeschlitten ging es weiter zum Südpol. Obwohl in der Antarktis Sommer (Sonne zeigen) herrschte, wehte ihnen ein eisiger Wind ins Gesicht (Gesicht reiben). Am 15. Dezember hatten sie den Südpol erreicht. Sie waren die Ersten und freuten sich sehr (Hurra, Hurra).

Zur gleichen Zeit hatte sich auch der Engländer Scott auf den Weg zum Südpol begeben (gehen). Durch eisige Stürme (pusten, Gesicht reiben) konnten sie erst später (auf die Uhr schauen) zum Südpol aufbrechen. Die Motorschlitten (Handgas drehen), die sie schnell voran bringen sollten, versagten bei −80° C. Die sibirischen Ponys (Galoppsprünge) waren den Strapazen nicht gewachsen und starben (bekreuzigen). So musste Scott die schweren Schlitten mit seinen Begleitern 2000 km selbst ziehen (schweres Ziehen). Am 18.01.1912 erreichten sie den Südpol. Dort wehte schon die norwegische Flagge (mit Fahne winken). Sie waren sehr enttäuscht (Augen reiben), nicht die Ersten gewesen zu sein.

Der Rückweg endete in einer Katastrophe. Es wüteten Schneestürme (frösteln). Sie hatten nichts mehr zum Essen und Trinken (Ess- und Trinkbewegung) und auch keine Brennstoffe (Hände über Feuer reiben). Am 29.03.1912 schrieb Scott in sein Tagebuch (Schreibbewegung): „Kümmert euch um unsere Familien". Monate später fand man ihre Leichen (Bekreuzigung).

Academia   Bewegtes Lernen: Geografie

2 Kontinente   Klasse: 5-10

Thema: Kontinente, Ozeane

2.21 Lernstationen

Ort: Unterrichtsraum
Material: entsprechend der Stationen (s. Rückseite)

Beschreibung: Die Schüler finden sich in Kleingruppen zusammen. Sie wechseln von Station zu Station und festigen dabei ihr Wissen zu den Kontinenten (oder zu einem Kontinent).

Variante: übertragbar auf Bundesländer, Staaten Europas, Geozonen, Gebirge usw.

Beispiele für Lernstationen:

Station 1: An der Wandkarte zeigt ein Schüler einen Kontinent oder ein Weltmeer. Die anderen nennen den Namen – Rollentausch.

Station 2: Stumme Karte: Aufgabe s. o.

Station 3: Auf einem Polylux befinden sich ausgeschnittene Umrisse der Kontinente, diese werden bestimmt und nach der Lage eingeordnet.

Station 4: Mit Magneten an der Tafel befestigte Umrisse der Kontinente sind zu bestimmen und nach der Lage zu verrücken.

Station 5: In einem Beutel befinden sich die ausgeschnittenen Umrisse der Kontinente. Diese sind mit der Hand zu erfühlen und dann zu bestimmen.

Station 6: Ein Schüler nennt einen Kontinent. Die Mitschüler suchen diesen im Atlas auf.

Station 7: Ein Schüler zeichnet mit Hilfe des Atlas die Kontinente mit dem Finger auf den Rücken eines Mitschülers. Dieser benennt den Kontinent.

Station 8: An der Tafel stehen die Kontinente. Karten mit Tiernamen (oder Bilder) sind dem jeweiligen Kontinent zuzuordnen.

Station 9: Ein Puzzle ist zusammmen zu legen (als Hausaufgabe vorbereitet).

Academia   Bewegtes Lernen: Geografie

3 Planet Erde

Klasse: 5

Thema: Lage und Lagebeziehungen

3.1 Orientierungslauf

Ort: Schulgelände
Material: Skizze vom Schulgelände

Beschreibung: Die Schüler erfahren, wie sich Seefahrer früher orientiert haben und fertigen eine Windrose an. Anschließend erfüllen sie gruppenweise Orientierungsaufgaben im Schulgelände anhand einer einfachen Skizze, z. B. „Sucht den nördlichsten Nadelbaum, den südlichsten Eingang zur Schule!" usw.

Varianten:
- fachübergreifend mit Biologie (Pflanzen suchen) gestalten
- Buchstaben an den einzelnen Punkten ergeben ein Lösungswort (oder die Lage eines „Schatzes")
- als Stern-Orientierungslauf durchführen (s. Rückseite)
- Arbeit mit dem Kompass einbeziehen
- weitere Beispiele s. Ende 1997

Sternlauf

An einem zentralen Punkt verteilt der Lehrer unterschiedliche Aufgabenkarten an die einzelnen Gruppen. Diese laufen ihren Punkt an, erfüllen die Aufgabe und kehren zum zentralen Punkt zurück. Dort erhalten sie eine neue Karte.

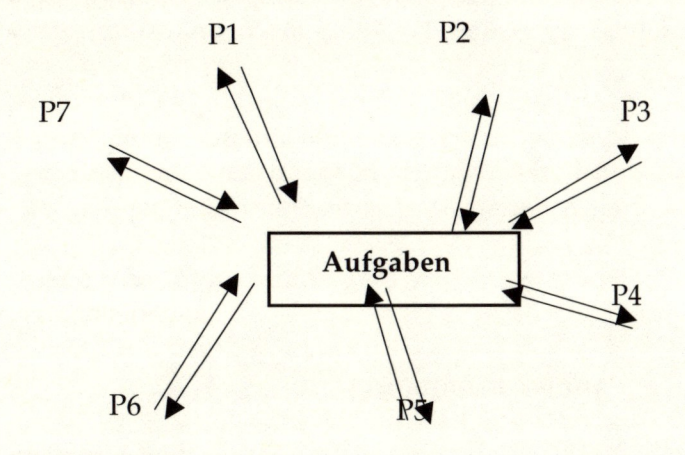

Academia

Bewegtes Lernen: Geografie

3 Planet Erde   Klasse: 5-9

Thema: Lage und Lagebeziehungen

3.2 Norden oder Süden?

Ort: Unterrichtsraum, Schulhof
Material: Windrose an Tafel (auf Boden, an Decke)

Beschreibung: Der Spielleiter nennt europäische Länder. Je nach deren Lage in Europa gehen die Schüler einen Schritt vorwärts (Norden), rückwärts (Süden), nach rechts (Osten), schräg nach rechts vorn (Nord-Osten) usw. und kehren jeweils zum Ausgangspunkt zurück.

Varianten:
- Gruppenarbeit
- auf andere Kontinente oder Lagebeziehungen in Deutschland übertragbar
- Maßstab angeben und entsprechende Anzahl von Schritten ausführen

3 Planet Erde

Klasse: 5-7

Thema: Gradnetz/Zeitzonen

3.3 Gradnetz

Ort: Schulhof
Material: Kreide, Atlanten

Beschreibung: Auf dem Pausenhof wird ein Gradnetz angedeutet (besonders Nullmeridian und Äquator). Partnerweise wird ein Ort genannt. Der Mitspieler schaut im Atlas nach und stellt sich in etwa auf die entsprechenden Koordinaten. Beide vergleichen anschließend noch einmal mit dem Atlas.

Varianten:
- von A nach B „fliegen"
- Bogen mit Gradnetz auf mehreren Tischen, Halmafiguren entsprechend setzen
- Gradnetz der Erde (Welche Orte liegen auf den Koordinaten ...?)
- Nenne zwei Städte, die zwischen dem 40° n. Br. und 50° n. Br. liegen!
- Zwischen welchen Meridianen erstreckt sich ...?

3 Planet Erde   Klasse: 5-9

Thema: **Gradnetz/Zeitzonen**

3.4 Wie spät ist es in ...?

Ort: Unterrichtsraum, Schulhaus
Material: Zeitzonen der Erde im Atlas

Beschreibung: Die Schüler gehen durch den Raum und suchen sich einen Mitspieler. Gegenseitig stellen sie sich Fragen, z. B.: „Wie viele Stunden beträgt der Zeitunterschied zwischen Berlin und New York?" „Wenn es in Tokio Mitternacht ist, wie spät ist es in ...?" „Wann kannst du die Live-Übertragung der Formel 1 aus Sydney empfangen mit der Startzeit 14.00 Uhr?" usw. Zur Kontrolle können sich die beiden Schüler in ausliegenden Tabellen bzw. den Atlanten mit den Zeitzonen der Erde informieren. Anschließend sucht sich jeder einen neuen Partner.

Variante: Mehrere Städte vorgeben. Die Schüler prägen sich mit Hilfe der Atlanten die Zeitunterschiede zu Deutschland ein. Dann nehmen sie an einer Linie Aufstellung. Jeweils eine Stadt wird genannt und die Schüler führen für jede Stunde Zeitunterschied einen Schritt in die Richtung früher oder später aus.

3 Planet Erde

Klasse: 5

Thema: Klima- und Vegetationszonen

3.5 Tiere zuordnen

Ort: Unterrichtsraum
Material: Bildmaterial (s. Rückseite)

Beschreibung: Der Lehrer nennt Tiere oder verwendet entsprechende Abbildungen. Mit vereinbarten Bewegungen zeigen die Schüler, in welcher Landschaftszone das Tier lebt.
- Polargebiet – frösteln
- gemäßigte Zone – einen Baum im Wind darstellen
- Wüste – Schweiß von der Stirn wischen
- tropischer Regenwald – sich einen Weg durch den Urwald schlagen

Varianten:
- Landschaftszone benennen, Schüler imitieren die dort lebenden Tiere
- Tierbilder auslegen, Schüler heften diese an eine (magnetische) Wandkarte in die entsprechenden Gebiete und sprechen über die Anpassung der Tiere an den Naturraum

3 Planet Erde   Klasse: 7-8

Thema: Klima- und Vegetationszonen

3.6 In welche Klimazone?

Ort: Unterrichtsraum, Schulhaus
Material: Karten zu Klimazonen, Vegetationszonen, Bodenverteilung, geografische Zonen

Beschreibung: Kleinere Gruppen von Schülern fertigen sich Karten (s. o.) an. Mit Kreide malen sie auf dem Boden eine Erdhalbkugel und legen in der entsprechenden Abfolge die Karten mit den Klimazonen auf den Boden. Die anderen Karten befinden sich verdeckt auf einen etwa 3 m entfernt stehenden Tisch. Jeder zieht nur eine Karte und ordnet diese in die passende Klimazone ein. Sind alle Karten verteilt, wird gemeinsam kontrolliert. Das Spiel kann wiederholt werden.

Varianten:
- zusätzlich Abbildungen mit Tieren und Pflanzen zuordnen
- Darstellungen von Klimadiagrammen, charakteristischen Bodenprofilen, Landschaften einsortieren

3 Planet Erde   Klasse: 7-10/11

Thema: **Atmosphärische Zirkulation**

3.7 Experimente mit Wind

Ort: Unterrichtsraum
Material: Flasche, Luftballon, Feuerzeug, Teebeutel

Beschreibung: An der Tafel befindet sich eine Skizze zum Windkreislauf. Gruppenweise führen die Schüler die Versuche (s. Rückseite) durch und tragen ihre Ergebnisse in das Tafelbild ein. Abschließend werden die Erkenntnisse gemeinsam zusammengefasst.

Vorschläge für Versuchsstationen:

1 Druckausgleich:
- Luftballon aufblasen und die Luft ausströmen lassen
- Luftballon aufblasen und die Luft unter Druck ausströmen lassen

2 Rotierender Druck- und Temperaturausgleich:
- eine Flasche Wasser auskippen und die Zeit nehmen
- das Wasser in der Flasche zur Rotation bringen, auskippen und die Zeit nehmen – anschließend vergleichen

3 Luftbewegungen:
- Feuerzeug anzünden, Fenster oder Tür öffnen, Flamme am Fußboden und oben am Türrahmen beobachten

4 Vertikale Luftbewegung:
- Teebeutel leeren, auf einen nicht brennbaren Untergrund stellen und oben anzünden

5 Temperaturausgleich:
- Fenster öffnen, Luft hinein strömen lassen, Fensterscheibe anhauchen

6 Wolkenbildung:
- Fensterscheibe anhauchen

Academia   Bewegtes Lernen: Geografie

3 Planet Erde   Klasse: 7-10

Thema: Geologische Zeittafel

3.8 Erdgeschichte

Ort: Unterrichtsraum
Material: Karten mit Begriffen

Beschreibung: Einzelne Arbeitstische werden mit den Bezeichnungen für die Abschnitte der Erdgeschichte gekennzeichnet. Im Raum verteilt liegen Karten mit Begriffen (Zeitalter, Vorgängen, Bodenschätzen, Tieren). In Dreiergruppen besteht die Aufgabe darin, die Karten richtig zuzuordnen. Anschließend gehen alle gemeinsam durch den Raum und kontrollieren die Zuordnung.

Variante: Die Gruppen verteilen sich auf die Tische und fassen mündlich für alle noch einmal kurz zusammen.

3 Planet Erde

Klasse: 8-10/11

Thema: Geologische Zeittafel

3.9 Ordnen nach Zeitalter

Ort: Unterrichtsraum
Material: Karten mit Tiernamen, Bodenschätzen und geologischen Vorgängen, Lehrbücher

Beschreibung: Jeder Schüler nimmt sich eine Karte und stellt sich entlang einer Skala von Erdurzeit bis Quartär entsprechend seiner Karte auf. Die Schüler können sich untereinander korrigieren. Anschließend wird mit der Tabelle im Lehrbuch verglichen.

Varianten:
- Schüler sprechen zu ihrer Einordnung, z. B. „Steinkohle entstand im Karbon." Die Klasse kontrolliert.
- Zur Festigung können sich die Schüler mit den sichtbar gehaltenen Karten im Raum verstreut aufstellen und werden von drei Mitschülern wieder richtig sortiert.

Beispiele für Karten mit Begriffen:

Steinkohle	Braunkohle	Erdöl/Erdgas	Kalisalz
variskische Gebirgsbildung	alpidische Gebirgsbildung	kaledonische Gebirgsbildung	Kreide bei Rügen
erste Saurier	erste Landtiere	erste Vögel	älteste Wirbeltiere
Branchiosaurier	erste Landpflanzen	Laubbäume	heutige Pflanzen und Tiere
Eiszeit	Aussterben der Saurier	Mensch	Mammut

Academia   Bewegtes Lernen: Geografie

3 Planet Erde Klasse: 10/12

Thema: **Gesteinskruste der Erde**

3.10 Gesteine zuordnen

Ort: Unterrichtsraum
Material: Karten mit Namen von Gesteinen, Karten mit entsprechenden Namen der Gesteine

Beschreibung: Jeder Schüler nimmt sich eine umgedreht liegende Karte und ordnet sich einer entsprechenden Gruppe zu. Es bilden sich in den Ecken des Klassenraumes:
- metamorphe Gesteine
- magmatische Gesteine
- Sedimentgesteine
- Edelsteine

Die Gruppen sprechen über Entstehung und Merkmale der Gesteine und ordnen diese im Steinkreislauf ein.

Variante: Entsprechende Steine liegen aus.

Basalt	Porphyr	Granit	Syenit	Erze im Ganggestein
Gneis	Marmor	Kristalliner Schiefer	Quarzit	Anthrazit
Sandstein	Tonstein	Kalkstein	Braunkohle	Torf
Achat	Rubin	Smaragd	Opal	Bernstein

Academia   Bewegtes Lernen: Geografie

3 Planet Erde

Klasse: 8-10/12

Thema: Gesteinskruste der Erde

3.11 Untersuchung von Gesteinen

Ort: Unterrichtsraum
Material: Gesteine, Karten mit Merkmalen

Beschreibung: Auf verschiedenen Plätzen liegen Steine und an anderen Stellen Karten mit deren Merkmalen. Mit einer Lupe werden die Steine untersucht, an einer Glasscheibe geritzt, mit den Fingern gerieben und am Stein gerochen. Anschließend wird an einem anderen Platz ein weiterer Stein untersucht. Die erkannten Merkmale werden notiert, dann die dazugehörige Karte gesucht und wenn notwendig die eigenen Notizen ergänzt.

3 Planet Erde

Klasse: 8-10

Thema: **Gesteinskruste der Erde**

3.12 Begriffe suchen

Ort: Unterrichtsraum
Material: Karten

Beschreibung: Auf mehreren Bänken liegen geografische Begriffe zur Lithosphäre mit vertauschten Buchstaben. Die Schüler gehen von Bank zu Bank und versuchen die Aufgabe zu lösen. Anschließend werden die gefundenen Begriffe geordnet und erklärt (s. Rückseite).

Varianten:
- auch bei anderen Themen verwendbar
- als Gruppenwettbewerb: Welche Gruppe hat zuerst alle Begriffe gelöst bzw. in einer bestimmten Zeitvorgabe die meisten Begriffe gefunden?

Begriffe suchen:

1	RTGIAN	1	GRANIT
2	LVAKUN	2	VULKAN
3	MTGAMTAI	3	MAGMATIT
4	AALV	4	LAVA
5	NUITOLPT	5	PLUTONIT
6	GMMAA	6	MAGMA
7	SKILNRLTAI	7	KRISTALIN
8	SRNGUISGSTEEE	8	ERGUSSGESTEIN
9	ZERE	9	ERZE
10	ESNTDIEM	10	SEDIMENT
11	INTIETSNEFEG	11	TIEFENGESTEIN
12	SGINE	12	GNEIS
13	TBSALA	13	BASALT
14	RPPROYH	14	PORPHYR
15	ÄRLIEHTHPSO	15	LITHOSPHÄRE

Academia   Bewegtes Lernen: Geografie

3 Planet Erde

Klasse: 9-10

Thema: Natur erleben

3.13 Fließende Gewässer

Ort: heimatlicher Naturraum
Material: -

Beschreibung: Während eines Unterrichtsganges erhalten die Schüler die Gelegenheit, ein fließendes Gewässer (Gebirgsbach) mit unterschiedlichen Sinnen zu erleben.
- dem Geräusch des Baches lauschen
- Wasser schmecken (wo es unbedenklich ist)
- barfuß den Untergrund an verschiedenen Stellen ertasten
- unterschiedliche Fließgeschwindigkeiten am Prall- und Gleithang spüren bzw. schwimmendes Material beobachten
- Temperatur des Wassers spüren, schätzen und überprüfen
- Transportkraft des Wassers anhand von Ablagerungen in Korngröße erkennen

Variante: als Entspannung während einer Exkursion

3 Planet Erde Klasse: 5-10

Thema: Natur erleben

3.14 Den Wald erleben

Ort: Unterrichtsraum
Material: -

Beschreibung: Während eines Unterrichtsganges erhalten die Schüler Gelegenheit, den Wald aufmerksamer zu beobachten. In Briefumschlägen bekommen die Schüler folgende „Geheimaufträge":
1. Sammelt verschiedene Steine!
2. Sammelt unterschiedliche Grüntöne in der Vegetation!
3. Achtet auf Verschmutzung der Natur durch den Menschen, sammelt diese ein!
4. Sammelt in einem Glas Kleintiere des Bodens (nicht töten)!

Nach dem Unterrichtsgang stellen die Gruppen ihr Ergebnis vor. Die anderen Gruppen müssen den „Geheimauftrag" erraten. Jede Gruppe spricht anschließend ausführlich über ihre Aufgabe.

Variante: Ergebnisse als Poster

3 Planet Erde   Klasse: 5-7

Thema: Natur erleben

3.15 Raumwahrnehmung

Ort: Wald, Park
Material: -

Beschreibung: In Vierergruppen führt ein „Sehender" einen „Blinden" durch den Wald. Zwei weitere Schüler beobachten dieses Paar. An einem bestimmen Punkt angekommen, beschreiben sie im Klassenverband, wie der Wald wahrgenommen wurde. Der „Sehende" erkennt die Bäume und geht in die Lücken, der „Blinde" versucht die Lücken zu „sehen".

Varianten:
- Die Schüler diskutieren Unterschiede in der Raumwahrnehmung bei Tag und Nacht, von Mann oder Frau, von einem Kind oder einem Jugendlichen und erkennen, dass der Wald nicht einfach eine eindeutige Sache ist, sondern mit unterschiedlichen Bedeutungen belegt wird. (Zuarbeit: T. Rhode-Jüchtern)
- fachübergeifend mit Ethik arbeiten

4 Übergreifend　　　　　　　　　　　　　　　　　　　　　　　Klasse: 5-10/12

Thema:　　　übergreifend (Erarbeitung)

4.1 Ampelspiel

Ort:　　　　　Unterrichtsraum
Material:　　Materialien an den Stationen (Texte, Diagramme, Statistiken, Tabellen u. a.), grüne, rote, gelbe Karten, Folie mit Aussagen

Beschreibung:　Der Lehrer bringt auf dem Polylux nacheinander mehrere Aussagen zur Beurteilung durch die Schüler an die Wand. Nach jeder Aussage bestimmen die Schüler durch Aufstehen und Zeigen einer Karte, ob die Aussage richtig (grün) oder falsch (rot) ist bzw. ob sie unsicher (gelb) sind. Das Ergebnis wird hinter jede Aussage notiert (als Orientierung für die Schüler). Der Lehrer gibt keinen Kommentar/keine Wertung ab. Anschließend erhalten die Schüler Gelegenheit sich an den auliegenden Materialien zu informieren. Jedem Schüler wird selbst überlassen, wie intensiv er die Stationen nutzt. Zum Abschluss werden alle Aussagen noch einmal an die Tafel projiziert und die Schüler bewerten im Heft, ob sie richtig oder falsch sind.

Variante:　　als Erarbeitung, aber auch als Zusammenfassung (evtl. in Form einer Leistungskontrolle) von Lernbereichen und Themen einsetzbar (Beispiel s. Rückseite)

Beispiele zum Thema Boden (Klasse 10)

1. Schwarzerde ist Humus, aus Löss entstanden und sehr fruchtbar.	f
2. Podsol ist ein Bodentyp des feuchten und kühlen Klimas.	r
3. In der Prärie gibt es viel Schwarzerde.	r
4. Aus Pflanzenteilen und toten Tieren entsteht Humus.	r
5. Es gibt Bodenarten, welche schlecht durchlüftet sind.	r
6. Ton ist ein Bodentyp mit einer geringen Korngröße.	f
7. Sand ist eine Bodenart.	r
8. Boden entsteht aus dem anstehenden Gestein.	r
9. Tonmineralien sind wichtig für die Speicherung von Pflanzennährstoffen.	r
10. Die Art der Verwitterung ist nicht vom Klima abhängig.	f
11. Tropische Böden haben eine große Verwitterungstiefe.	r
12. Die Gase der Atmosphäre sind ein Faktor der Bodenbildung.	r
13. Hydrolyse gibt den Wassergehalt des Bodens an.	f
14. Gesteine verwittern alle auf die gleiche Art und Weise.	f
15. Das Ergebnis von chemischer und physikalischer Verwitterung ist gleich.	f
16. Grünlandboden enthält 25 % Luft.	r

Weitere Fragen könnten sich auf andere Bodentypen, Nutzungsmöglichkeiten und Gefährdungen beziehen.

Academia   Bewegtes Lernen: Geografie

4 Übergreifend   Klasse: 5-10/12

Thema: übergreifend (Erarbeitung)

4.2 Wissen zusammentragen

Ort: Unterrichtsraum

Material: Blätter mit Schwerpunkten zu einem speziellen Thema (z. B. verschiedene Länder Afrikas mit der Binnengliederung Bevölkerung, Industrie, Landwirtschaft ...)

Beschreibung: Die Übersicht (s. Rückseite) wird in einzelne Streifen zerschnitten und an verschiedenen Tischen ausgelegt. Paarweise gehen die Schüler von Tisch zu Tisch und tragen ihr Wissen stichpunktartig in die Streifen ein bzw. ergänzen. Sie können Nachschlagewerke (Lehrbücher, Atlanten) nutzen. Gruppenweise finden sie sich anschließend an je einem Tisch ein und kontrollieren. Zum Abschluss werden die einzelnen Streifen wieder zu einer Übersicht zusammengefügt und die Ergebnissichtung erfolgt durch eine Folie.

Variante: Partnerarbeit: Natur- und Wirtschaftsraum trennen, globale Handelsbeziehungen nach Analyse diskutieren

Staat	Klima	Vegeta-tion	Ober-fläche	Boden-schätze	Beson-derhei-ten	Bevöl-kerung	Indus-trie	Land-wirt-schaft	Import	Export
Ägypten										
Kenia										
Kame-run										
Süd-afrika										
Sudan										
Mali										

Academia   Bewegtes Lernen: Geografie

4 Übergreifend

Klasse: 5-10/12

Thema: übergreifend (Erarbeitung)

4.3 Gruppenvortrag

Ort: Unterrichtsraum
Material: Pezzibälle, Stehpult, Sitzkeilkissen, Nachschlagewerke

Beschreibung: Zum Thema arbeiten die Gruppen in verschiedenen Sitzhaltungen. Jede Gruppe hat einen Pezziball, Sitz- oder Stehpult, Sitzkissen. In der Erarbeitungsphase soll jeder Schüler seine Sitzposition öfters ändern. Gleichzeitig dürfen die Gruppen untereinander Informationen austauschen. An unterschiedlichen Tischen befinden sich Materialien zum Nachschlagen, der Lehrer steht für Fragen bereit und die Gruppen nutzen die Tafeln zur Vorbereitung ihres Gruppenvortrages. Dadurch müssen die Schüler viel organisieren, arbeiten, absprechen und sind ständig in Bewegung. Zum Abschluss (auch in die nächste Stunde mit hinein) werden dann die Gruppenvorträge gehalten. Jeder leistet einen Beitrag. (Anforderungen an den Vortrag stellen, z. B. freies Sprechen, Gliederung, Methodenvielfalt, Einbeziehung von Formen des bewegten Lernens)

Academia   Bewegtes Lernen: Geografie

4 Übergreifend   Klasse: 5-10/12

Thema: übergreifend (Erarbeitung)

4.4 Modelle bauen

Ort: Unterrichtsraum
Material: entsprechend des zu bauenden Modells liegen Materialien, Bilder als Anregung u. a. an unterschiedliche Stellen im Raum aus, evtl. Spielzeug (z. B. Verkehrszeuge) einbeziehen

Beschreibung: In Gruppenarbeit werden zur Thematik (s. Rückseite) passende Modelle hergestellt (evtl. in Kopplung mit Arbeitsaufgaben außerhalb der Schule). Zum Abschluss stellen sich die Gruppen ihre Modelle gegenseitig vor und erläutern Details.

Varianten:
- als Projekt
- Präsentation in einer Schulausstellung, z. B. zum „Tag der offenen Tür"

Academia   Bewegtes Lernen: Geografie

Mögliche Themen:

Küstenformen
Deichbau, Küstenschutz
Hallig
Talsperre
Hafen
Schiffsschleuse
Schifffahrtswege
Eisenbahnnetz
Siedlungs- und Verkehrsnetzplanung

Vulkane, Gebirge
Nil- oder Wüstenoase
Rodungen/Siedlungen im Tropischen Regenwald
Moorkultivierung

Planungsmodelle als Lösungsversuche zu Problemkreisen wie Freizeit, Erholung, Naturschutz, Ökologie

(Konkretisierung ausgewählter Beispiele in: Geographie heute, 1994, 122, Themenheft Modelle)

Academia   Bewegtes Lernen: Geografie

4 Übergreifend

Klasse: 7-10/12

Thema: übergreifend (Erarbeitung)

4.5 Materialsammlung

Ort: Unterrichtsraum
Material: Bücher, Zeitschriften, Atlanten u. a.

Beschreibung: Im Raum liegen unterschiedliche Materialien aus. Kleingruppen versuchen, mittels der ausgelegten Materialien, Fragestellungen (stehen an der Tafel) zu speziellen Themen zu beantworten.

4 Übergreifend

Klasse: 5-10

Thema: übergreifend (Festigung)

4.6 Richtig oder falsch?

Ort: Unterrichtsraum
Material: -

Beschreibung: Die Schüler gehen durch den Raum. Die Lehrkraft nennt Aussagen bezogen auf das behandelte Thema, z. B.: In der tropischen Zone findet kein Wechsel der Jahreszeiten statt. Wer meint, dass die Aussage richtig ist geht weiter, wer sie für falsch hält, bleibt stehen.

Varianten:
- in kleinen Räumen: richtig - am Platz gehen, falsch - hinsetzen bzw. richtig - ein Schritt vor, unsicher – stehenbleiben, falsch - ein Schritt zurück
- bei unterschiedlichen Themen anwendbar (Beispiel s. Rückseite)
- als Wettbewerb

Academia　　　　　　　　　　　　　　　　　　　　　　　　　　　　Bewegtes Lernen: Geografie

Beispiele für Fragen zum Mittelgebirgsland (Klasse 5)

1.	Der Harz ist eine Pultscholle.	f
2.	Alle deutschen Mittelgebirge sind Bruchschollengebirge.	r
3.	Die höchste Erhebung des Schwarzwaldes heißt Einödriegel.	f
4.	Die Oberflächenformen der Mittelgebirge sind wie die der Hochgebirge.	f
5.	Tiefe Täler, Hochflächen und spitze Berge sind typische Oberflächen der Mittelgebirge.	f
6.	Erzgebirge ist ein Horst.	f
7.	Die Bruchschollengebirge sind im Tertiär entstanden.	r
8.	Die Formen der heutigen Mittelgebirge sind das Ergebnis von erdinneren Kräften.	f
9.	Mittelgebirge sind im Eiszeitalter entstanden.	f
10.	Die höchste Erhebung des Westerwaldes heißt Fuchskaute.	r
11.	Im Rheinischen Schiefergebirge ist ein Durchbruchstal.	r
12.	Im Elbsandsteingebirge gibt es kein Durchbruchstal.	f
13.	Der Harz ist das größte nördliche Gebirge der BRD.	r
14.	Taunus und Schwarzwald gehören zum Rheinischen Schiefergebirge.	f
15.	Der Schneekopf befindet sich in Bayern.	f
16.	Im Oberrheingraben gibt es Erdbeben.	r
17.	In der Oberrheinischen Tiefebene gibt es Sonderkulturen.	r
18.	Der Schneekopf ist die höchste Erhebung des Thüringer Waldes.	f
19.	Sonderkulturen sind Weizen, Kartoffeln.	f
20.	Mit der Heraushebung der Mittelgebirge setzt auch gleichzeitig seine Abtragung ein.	r

Academia   Bewegtes Lernen: Geografie

4 Übergreifend   Klasse: 5-10

Thema: übergreifend (Festigung)

4.7 Geografische Begriffe

Ort: Unterrichtsraum
Material: Karten mit Begriffen

Beschreibung: Pantomimisch stellen Schüler geografische Doppelbegriffe dar, welche erraten werden sollen (s. Rückseite). Wer es weiß, erhebt sich vom Sitzplatz. Steht der größte Teil der Klasse, wird die Lösung bekannt gegeben und alle stellen den gesuchten Begriff durch Körpersprache nach.

Varianten: Zwei Teams stehen sich gegenüber:
- paarweise pantomimische Darstellung verschiedener Begriffe und benennen der Begriffe
- Ermittlung der Anzahl pro Gruppe in vorgegebener Zeit

Academia   Bewegtes Lernen: Geografie

Beispiele für pantomimische Doppelbegriffe:

- Halbinsel
- Hochgebirge
- Weltmeer
- Urkontinent
- Steinkohle
- Luftdruck
- Westeuropa
- Eiszeit
- Regenwald usw.
- Großstadt
- Verdichtungsraum
- Warmzeit
- Feuchtsavanne
- Schwerindustrie
- Steinkohle

- Braunkohle
- Luftfeuchtigkeit
- Haufenwolke
- Wasserkreislauf
- Gletscherzunge
- Tagebau
- Rundhöcker
- Schwemmkegel
- Schutthalde
- Trichtermündung
- Industrieland
- Schwellenland
- Verkehrsader
- Höhenzug
- Oberlauf

Academia

Bewegtes Lernen: Geografie

4 Übergreifend   Klasse: 5-10

Thema: übergreifend (Festigung)

4.8 Puzzle

Ort: Unterrichtsraum
Material: Sätze mit geografischen Aussagen, jeweils in drei Puzzleteile zerschnitten (Beispiel s. Rückseite)

Beschreibung: Dreiergruppen bilden sich und suchen aus den im Raum verteilten Puzzleteilen ohne zu sprechen die passenden Aussagesätze zusammen. Abschließend tragen sie die Aussage der Klasse vor und erläutern diese.

Varianten:
- Jeder Schüler erhält ein Puzzleteil. Immer drei Schüler finden sich zusammen, deren Puzzleteile eine richtige geografische Aussagen bilden.
- als Leistungskontrolle möglich

Puzzleteile (Beispiel Orient)

| Orient ist die | erdölreichste Großregion | der Erde |

| Im Orient haben | drei der größten Weltreligionen | ihren Ursprung |

| Die verschiedenen Arten | von Wüsten sind durch | Wind und Wasser entstanden |

Academia

Bewegtes Lernen: Geografie

4 Übergreifend

Klasse: 5-10/12

Thema: übergreifend (Festigung)

4.9 Ich merke mir ...

Ort: Unterrichtsraum
Material: Karten mit Grundwissen

Beschreibung: Einzuprägendes Grundwissen (Beispiele s. Rückseite) wird an mehreren Stellen des Zimmers ausgelegt/angehangen. Die Schüler gehen zu den Karten, prägen sich einen oder mehrere Fakten ein und schreiben diese am Platz auf. Anschließend können sie vergleichen. Danach suchen sie eine neue Karte auf.

Variante: In ähnlicher Weise könnte bei der Übernahme von Tafelbildern gearbeitet werden.

Beispiele:

Braunkohle wird meist im Tagebau, Steinkohle meist im Tiefbau abgebaut.
Import ist die Einfuhr von Gütern.
Export ist die Ausfuhr von Gütern.
Priel ist ein Wasserlauf im Watt.
Flöz ist eine Schicht, die Kohle enthält.
Die glaziale Serie besteht aus Grundmoräne, Endmoräne, Sander und Urstromtal.
Das deutsche Tiefland ist in der Eiszeit entstanden.
Binnenmeer ist ein Meeresteil, der nur schmale Zugänge zum offenen Weltmeer hat.

4 Übergreifend

Klasse: 5-10/12

Thema: übergreifend (Festigung)

4.10 „Bilderspickzettel"

Ort: Unterrichtsraum
Material: Zettel

Beschreibung: Der Lehrer fordert die Schüler auf, alles was ihnen zur letzten Stunde einfällt in Form von Bildern auf einen Zettel zu malen (keine Wörter/Buchstaben). Anschließend sucht sich jeder einen Partner und die Schüler erklären sich anhand der Bilder das letzte Stundenthema. Partnerwechsel.

Variante: Die Schüler können sich einen „Bilderspickzettel" vorbereiten und diesen auch benutzen (Beispiel s. Rückseite). Da sich Bilder besser einprägen, muss man keine Bedenken haben. Durch das intensive Bearbeiten und Umsetzen von Wissen in Bildern sind die Bilder schon im Gedächtnis vorhanden. Der Spickzettel dient nur als psychologisches Mittel, um die Angst vor Tests zu nehmen.

„Bilderspickzettel" zum Thema Japan

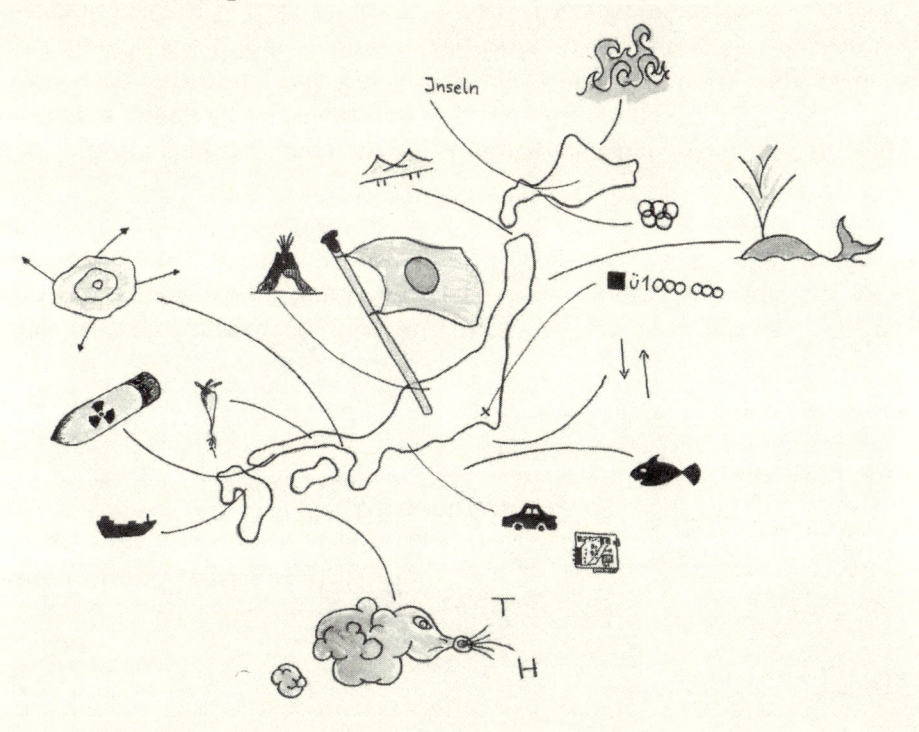

Academia

Bewegtes Lernen: Geografie

4 Übergreifend

Klasse: 5-10/12

Thema: übergreifend (Festigung)

4.11 Erkläre mir bitte ...

Ort: Unterrichtsraum
Material: -

Beschreibung: Unter einer bestimmten Fragestellung erklären sich je zwei Schüler beim Gehen durch den Raum oder in unterschiedlichen Arbeitshaltungen (s. Rückseite) alles, was ihnen dazu einfällt. Anschließend wechseln die Partner, weitere Informationen können vom anderen Partner erfragt werden.

Variante: als Vorbereitung auf eine Leistungskontrolle nutzen

Anwendung unterschiedlicher Arbeitshaltungen

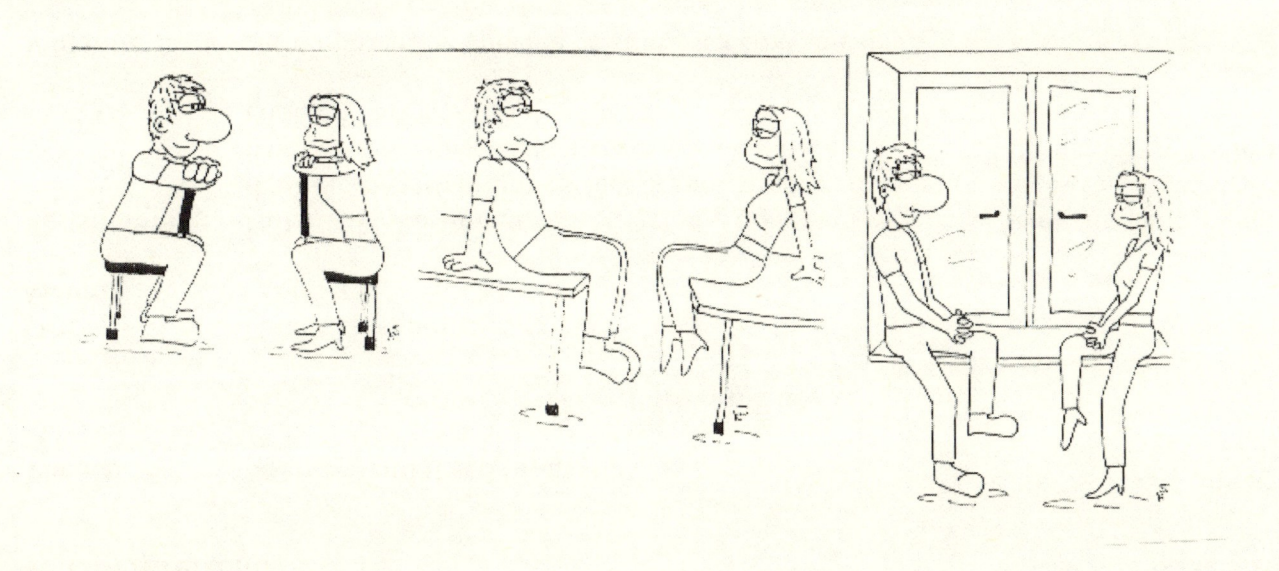

Academia

Bewegtes Lernen: Geografie

4 Übergreifend

Klasse: 5-10/12

Thema: übergreifend (Festigung)

4.12 Platzwechsel

Ort: Unterrichtsraum
Material: Frage- und Antwortkarten

Beschreibung: Auf allen Plätzen liegen Karten mit Fragen zu dem zu festigenden Unterrichtsstoff. Auf der Rückseite befinden sich die Antworten. Jeder sucht sich einen Platz, beantwortet die Frage und vergleicht mit der Rückseite. Dann wechselt er zu einem freien Platz.

Variante: Der Einsatz ist geeignet z. B. bei der Zusammenfassung zu Europa mit Fragen zu den einzelnen Ländern.

4 Übergreifend Klasse: 5-10

Thema: übergreifend (Festigung)

4.13 Tempo, Tempo

Ort: Unterrichtsraum
Material: Tafel, Atlas

Beschreibung: Die Klasse teilt sich in zwei etwa gleichstarke Gruppen. Auf den beiden Rückseiten der Tafel steht jeweils ein geografischer Begriff. Nacheinander laufen die Schüler hinter die Tafel und schreiben einen neuen Begriff (Thema vorgeben) mit dem Endbuchstaben des zuletzt angeschriebenen Wortes an (Beispiele s. Rückseite). Nach einer vorgegebenen Zeit werden die Tafeln aufgeklappt, die Wörter verglichen und gezählt. (Zuarbeit: Eva Krah)

Variante: für alle Themen verwendbar

Beispiele für das Thema Tiefland:

Gruppe 1	Gruppe 2
Tiefland	Tiefland
Damm	Deich
Moräne	Hallig
Eider	Geest
Ruhner Berge	Tidenhub
Elm	Berlin
Müritz	Nord-Ostsee-Kanal
Zingst	Langeoog
Torgelow	Greifswald
Wismar	Damm
Rhein-Kanal	Münsterland
Lohme	Drömling
usw.	usw.

Academia

Bewegtes Lernen: Geografie

Eigene Beispiele

Klasse:

Thema:

Titel

Ort: Unterrichtsraum
Material:

Beschreibung:

Varianten:
-

Academia Bewegtes Lernen: Geografie

Eigene Beispiele

Klasse:

Thema:

Titel

Ort: Unterrichtsraum
Material:

Beschreibung:

Varianten: •

Academia Bewegtes Lernen: Geografie

Bewegtes Lernen

Academia Verlag

Müller, Christina. **Bewegte Grundschule. 3., neu bearbeitete Auflage.**
Aspekte einer Didaktik der fächerübergreifenden Bewegungserziehung, 2010, 312 S, 25,00 €, 978-3-89665-512-7. Mit diesem Buch werden eine Reihe erprobter Anregungen für alle Kolleginnen und Kollegen gegeben, die Bewegungserziehung als eine umfassende Aufgabe in der Grundschule realisieren wollen und sich gemeinsam mit anderen Mitstreitern an der Schule auf den Weg zu einem Schulprofil Bewegte Grundschule begeben. Einleitend wird die Bedeutung der Bewegung für die kindliche Entwicklung erörtert und das Konzept der bewegten Grundschule dargestellt. Den umfangreichsten Teil des Buches nehmen Teilziele für die Klassen 1 bis 4, exemplarische inhaltliche Umsetzungsmöglichkeiten, methodisch-organisatorische Hinweise und ausgewählte Medienempfehlungen ein.

Müller, Christina. **Schulsport in den Klassen 1 bis 4. 2., überarbeitete Auflage.**
Aspekte einer Schulsportdidaktik für die Grundschule. 2010. 304 S. 25,00 €. 978-3-89665-535-6. Das Buch regt zum Nachdenken über den Schulsport in den Klassen 1 bis 4 an und unterstützt die Suche nach neuen Gestaltungsmöglichkeiten. Es werden grundsätzliche Positionen zum Fach Sport vorgestellt und gezeigt, wie Bewegung, Spiel und Sport durch die grundlegenden Handlungsformen Erkunden, Üben, Spielen und Wetteifern für den Schüler erschlossen werden. Des Weiteren wird versucht Antworten zu finden, wie der Schüler für die Sache aufgeschlossen werden kann und betrachtet solche pädagogischen Handlungssituationen wie Differenzieren, Wahlmöglichkeiten schaffen, offene Situationen gestalten, Bewegungs- und Körpererfahrungen thematisieren.

Müller, Christina; Petzold, Ralph. **Bewegte Schule. 2., neu bearbeitete Auflage.**
Aspekte einer Bewegungserziehung in den Klassen 5 bis 10/12. 375 S. 29,50 €. 978-3-89665-667-4. Warum sollen Schüler ab der Klassenstufe 5 nur beim Stillsitzen lernen können? Mit diesem Buch werden Vorschläge für die Klassenstufen 5 bis 10/12 zu Zielen, Inhalten und methodisch-organisatorischen Gestaltungsmöglichkeiten eines bewegten Unterrichts in allen Fächern, der bewegten Pause und eines insgesamt bewegten Schullebens unterbreitet. Anhand von Untersuchungsergebnissen wird nachgewiesen, dass sich durch mehr Bewegungsmöglichkeiten Bedingungen, die auf die Schulleistungen einwirken, positiv verändern, so die Konzentrationsfähigkeit, die Schul- und Lernfreude, das Sozialverhalten, das Lehrer-Schüler-Verhältnis. Den umfangreichsten Teil des Buches mit vielen Beispielen aus der Praxis nehmen konkrete Vorschläge zu Gestaltungsmöglichkeiten einer bewegten Schule ab Klassenstufe 5 ein.

Müller, Christina; Petzold, Ralph.
Längsschnittstudie Bewegte Grundschule. Ergebnisse einer 4-jährigen Erprobung eines pädagogischen Konzeptes zur Bewegten Grundschule. 336 S. 26,50 €. 978-3-89665-230-0. Mit der Ergebnisdarstellung verbinden sich das Anliegen, Potenzen und Grenzen eines Konzepts aufzuzeigen, das sich in der Praxis bewährt hat. Die Kapitel 3 bis 5 enthalten detaillierte Informationen zu den Ergebnissen. Es wird dargestellt, wie die beteiligten Personen (Kinder, Lehrer, Eltern) dem Projekt gegenüberstehen, bestimmte Sachverhalte wahrnehmen und verarbeiten und sich dies in Handlungsweisen äußert. Aus unterschiedlichen Perspektiven werden die sozialen Beziehungen, das Konzept sowie die inner- und außerschulischen Bedingungen betrachtet.

Academia Verlag · www.academia-verlag.de · E-Mail and Orders: info@academia-verlag.de
Bahnstr. 7 · 53757 Sankt Augustin · Tel. +49 22 41 34 52 1-0 · Fax +49 22 41 34 53 16

Bewegtes Lernen Klassen 1 bis 4
Didaktisch-methodische Anregungen in Form von Karteikarten

Die in Sachsen und Rheinland-Pfalz erprobte Karteikartensammlung zeigt konkrete Möglichkeiten für ein Bewegtes Lernen in Mathematik, Deutsch und Sachunterricht mit folgenden Zielsetzungen auf: • Grundaufgaben mit Unterstützung von Ziffern und Buchstaben ganzkörperlich erfassen und abbilden • geometrische Figuren und Bewegungsabläufen erschließen • Zeit in Verbindung mit Bewegung erleben • Ganzkörperbewegungen mit dem Körper erfühlen und formen, • Rechtschreibentscheidungen durch Ganzkörperbewegungen ausdrücken • über Sprache Bewegungsvorhaben gemeinsam planen und durchführen • durch Bewegungsspiele etwas über andere Menschen erfahren • Vorgänge in der Natur über Bewegungshandlungen erfahren, erkennen und begreifen • Körper- und Bewegungserfahrungen sammeln • konstante Haltungsmuster vermeiden lernen

Christina Müller unter Mitarbeit von Marit Obier, Annett Liebscher, Ulrike Lange und Katja Fritsch **Gesamtausgabe Bewegtes Lernen Klasse 1 bis 4. (3. Auflage). Mathematik, Deutsch und Sachunterricht.** 964 S. 59,00 €. 978-3-89665-283-6.

Bewegtes Lernen Klasse 1. (3. Auflage). Mathematik, Deutsch und Sachunterricht. 336 S. 25,00 €. 978-3-89665-384-9

Bewegtes Lernen Klasse 2. (3. Auflage). Mathematik, Deutsch und Sachunterricht. 308 S. 25,00 €. 978-3-89665-409-0.

Bewegtes Lernen Klasse 3 und 4. (3. Auflage). Mathematik, Deutsch und Sachunterricht. 320 S. 25,00 €. 978-3-89665-408-3.

Müller, Christina. **Bewegtes Lernen in Ethik.** Klassen 1 bis 4. 128 S. 12,50 €. 978-3-89665-285-0.

Müller, Christina; Ciecinski, Arndt; Schlöffel, Ralf. **Bewegtes Lernen in Englisch. Anfangsunterricht in der Grundschule,** 128 S. 12,50 €. 978-3-89665-286-7.

Müller, Christina; Engemann, Monique. **Bewegtes Lernen im Fach Kunst.** Klassen 1 bis 4. 122 S. 12,50 €. 978-3-89665-284-3.

Müller, Christina; Mende, Jana. **Bewegtes Lernen im Fach Musik.** Klassen 1 bis 4. 144 S. 14,50 €. 978-3-89665-482-3.

Bewegtes Lernen Klassen 5 bis 10/12
Didaktisch-methodische Anregungen teilweise in Form von Karteikarten

Müller, Christina; Rocheit, Andreas. **Bewegtes Lernen im Fach Biologie.** 2., neu bearbeitete Auflage, 184 S. 16,80 €. 978-3-89665-661-2.

Müller, Christina; Müller, Sarah. **Bewegtes Lernen im Fach Chemie.** Klassen 7 bis 10/12. 112 S. 12,50 €. 978-3-89665-638-4.

Müller, Christina; Kschamer, Jana. **Bewegtes Lernen im Fach Deutsch.** 2., neu bearbeitete und erweiterte Auflage. 192 S. 18,80 €. 978-3-89665-690-2.

Müller, Christina; Schlöffel, Ralf. **Bewegtes Lernen in modernen Fremdsprachen – dargestellt am Beispiel des Faches Englisch.** 2., neu bearbeitete Auflage, 144 S. 14,50 €. 978-3-89665-658-2.

Müller, Christina; Melzer, Thomas. **Bewegtes Lernen im Fach Ethik.** 2., neu bearbeitete und erweiterte Auflage. 192 S. 18,80 €. 978-3-89665-689-6.

Müller, Christina; Adam, Michael. **Bewegtes Lernen im Fach Evangelische Religion.** 112 S. 12,50 €. 978-3-89665-304-8.

Müller, Christina; Ende, Ullrich. **Bewegtes Lernen im Fach Geografie.** 160 S. 14,50 €. 978-3-89665-720-6.

Müller, Christina; Kösser, Franziska; Hirsch, Stephanie. **Bewegtes Lernen im Fach Geschichte.** 2., neu bearbeitete Auflage, 164 S. 14,50 €. 978-3-89665-642-1.

Müller, Christina; Kern, Beate; Lange, Janin. **Bewegtes Lernen im Fach Kunst.** 144 S. 14,50 €. 978-3-89665-344-4.

Müller, Christina; Ziermann, Christian. **Bewegtes Lernen im Fach Mathematik.** 2., neu bearbeitete Auflage, 194 S. 16,80 €. 978-3-89665-644-5.

Müller, Christina; Härtwig, Sebastian. **Bewegtes Lernen im Fach Musik.** 144 S. 14,50 €. 978-3-89665-345-1.

Müller, Christina; Cyriax, Christiane. **Bewegtes Lernen im Fach Physik.** Klassen 6 bis 10/12. 144 S. 14,50 €. 978-3-89665-342-0.

Müller, Christina; Bodenhausen, Falk. **Bewegtes Lernen im Fach Sozialkunde/Gemeinschaftskunde/Politik.** 112 S. 12,50 €. 978-3-89665-303-1.

Academia Verlag

Academia Verlag · www.academia-verlag.de · E-Mail and Orders: info@academia-verlag.de
Bahnstr. 7 · 53757 Sankt Augustin · Tel. +49 22 41 34 52 1-0 · Fax +49 22 41 34 53 16